U0464024

高校劳动教育

育人模式构建的基本策略研究

严 实 张嘉友 刘真豪 刘 勤 师钦燕 ■ 著

四川大学出版社

SICHUAN UNIVERSITY PRESS

图书在版编目（CIP）数据

高校劳动教育育人模式构建的基本策略研究 / 严实
等著 . 一 成都：四川大学出版社，2023.5
ISBN 978-7-5690-6080-5

Ⅰ . ①高… Ⅱ . ①严… Ⅲ . ①劳动教育－教育研究－
高等学校 Ⅳ . ① G40-015

中国国家版本馆 CIP 数据核字（2023）第 066644 号

书　　名：高校劳动教育育人模式构建的基本策略研究
　　　　　Gaoxiao Laodong Jiaoyu Yuren Moshi Goujian de Jiben Celüe Yanjiu
著　　者：严　实　张嘉友　刘真豪　刘　勤　师钦燕

选题策划：梁　平
责任编辑：陈克坚
责任校对：倪德君
装帧设计：裴菊红
责任印制：王　炜

出版发行：四川大学出版社有限责任公司
　　　　　地址：成都市一环路南一段 24 号（610065）
　　　　　电话：（028）85408311（发行部）、85400276（总编室）
　　　　　电子邮箱：scupress@vip.163.com
　　　　　网址：https://press.scu.edu.cn
印前制作：四川胜翔数码印务设计有限公司
印刷装订：成都金阳印务有限责任公司

成品尺寸：170 mm×240 mm
印　　张：13.25
字　　数：206 千字

版　　次：2023 年 6 月 第 1 版
印　　次：2023 年 6 月 第 1 次印刷
定　　价：65.00 元

本社图书如有印装质量问题，请联系发行部调换

版权所有 ◆ 侵权必究

扫码获取数字资源

四川大学出版社
微信公众号

前　言

劳动是创造物质财富和精神财富的过程，是人类特有的基本社会实践活动。"任何一个民族，如果停止劳动，不用说一年，就是几个星期，也要灭亡，这是每一个小孩子都知道的。"① 人类的生存与社会的发展都离不开劳动，这就是劳动的意义。纵观中华上下五千年的历史，中华民族一直是一个热爱劳动的民族。在古代，人们通过宣扬神话中的英雄故事来讴歌劳动和创造，劳动能够创造世界更能够创造幸福。近代以来，虽然中华民族面临着内忧外患的多重压迫，但从来都不曾停止对劳动的追求，各位名家的劳动思想仍流传至今。新中国成立以来，中国的劳动教育迎来了前所未有的发展机遇，在社会主义事业蓬勃发展的大环境下，劳动教育也体现出不同的时代特色，在不同时期发挥着重要的育人作用。特别是新时代以来，劳动教育育人的作用尤为凸显，需要更加重视。

中国共产党自诞生之日起，就与人民群众紧密地联系在一起，党的伟大事业要依靠广大人民群众的辛勤劳动来实现。回顾党的百余年历史，中国共产党走过了新民主主义革命、社会主义革命和建设、改革开放，并迎来了中国特色社会主义新时代。在这漫长的奋斗历程中，劳动始终存在于党的各项事业之中，党对劳动教育的探索也经历了从劳动觉

---

① 中共中央马克思恩格斯列宁斯大林著作编译局. 马克思恩格斯选集：第 4 卷 ［M］. 北京：人民出版社，2012：473.

1

醒到劳动报国，再到劳动富国、劳动圆梦几个重要阶段，中国共产党从未间断过对劳动教育的探索。2018年9月10日，习近平总书记在全国教育大会上的重要讲话中提出了培养德智体美劳全面发展的社会主义建设者和接班人的总要求。这一提法将劳动教育从以往促进青少年全面发展的途径提升为国民教育体系中与德育、智育、体育、美育并举的重要组成部分，也对各类高校提出了科学构建劳动教育体系、切实加强劳动教育的新要求，具有教育方针性的重要意义。2020年发布的《大中小学劳动教育指导纲要（试行）》指出："劳动教育是新时代党对教育的新要求，是中国特色社会主义教育制度的重要内容，是全面发展教育体系的重要组成部分，是大中小学必须开展的教育活动。"[①] 高校劳动教育有三个鲜明的特征：一是具有鲜明的思想性。必须将马克思主义劳动观贯彻始终，强调劳动是一切财富、价值的源泉，劳动者是国家的主人，一切劳动和劳动者都应该受到鼓励和尊重。倡导通过诚实劳动创造美好生活、实现人生梦想，反对一切不劳而获、崇尚暴富、贪图享乐的错误思想。二是具有突出的社会性。必须加强高校教育与社会生活、生产实践的直接联系，发挥劳动在个人与社会之间的纽带作用，引导大学生认识社会，增强社会责任感。同时注重让大学生学会分工合作，体会社会主义社会平等、和谐的新型劳动关系。三是具有显著的实践性。必须面向真实的生活世界和职业世界，引导大学生以动手实践为主要方式，在认识世界的基础上获得有积极意义的价值体验，学会建设世界，塑造自己，实现树德、增智、强体、育美的目的。高校开展劳动教育是事关社会发展的千秋伟业，事关人类的幸福生活，事关中国梦的伟大实践。

高校进行教育活动、开展科学研究和社会服务，归根结底其目的都是立德树人，而高校劳动教育育人是新时代高校使命的重要组成部分。自党的十八大以来，习近平总书记就落实立德树人问题多次发表重要讲话，高校要加强劳动价值观教育，让大学生真正理解并懂得劳动的魅

---

① 中华人民共和国教育部. 教育部关于印发《大中小学劳动教育指导纲要（试行）》的通知[EB/OL]. (2020-07-09)[2022-12-15]. http://www.moe.gov.cn/srcsite/A26/jcj_kcjcgh/202007/t20200715_472808.html.

力，立劳动实现中国梦的青云之志，担当时代重任。高校要加强劳动情感教育，让大学生切实体悟劳动，以劳动筑牢中国梦之基。高校要加强对大学生的品德修行，培养大学生良好的劳动品德，教育大学生辛勤劳动、诚实劳动、创造性劳动，由衷地尊重各类劳动和劳动者，珍惜劳动成果，成为有大爱大德大情怀的人。在增长知识见识上下功夫，就要加强科学教育、劳动技能培育和实践劳动锻炼，充分发挥劳动手脑同时进行知识建构的优势，转变长久以来唯分数、唯书本、唯训练、唯考试等方式，教育大学生知行需相依，沿着求、悟、明真理的方向前进。在培养奋斗精神上下功夫，就要切实加强劳动实践锻炼，精心组织好大学生社会实践和志愿服务，不断深化产教融合，扎实推进创新创业，引导大学生在生产劳动与社会生活的大熔炉中抓实干、重苦干，历练敢于担当、不懈奋斗的精神。在增强综合素质上下功夫，就要充分发挥劳动天然具有的多重综合育人价值，将劳动教育融入高校全面育人的教育体系中。

高校要立足于劳动最光荣、劳动最重要、创造性劳动三个方面，树立正确的劳动教育价值观，不断推动劳动教育的改革与创新。同时，高校劳动教育育人模式的理念构建也需要注重实践，通过实践不断提高大学生的实践能力和创新能力，引导他们更好地发挥自身潜力，实现人生价值。高校要不断完善和创新劳动教育育人模式的理念，为大学生的成长和发展带来更加积极的推动作用。高校劳动教育是实现"三全育人"目标的重要途径之一，是培养具有现代化素质和国际化视野的高素质大学生的重要手段。在归于社会化、目标明确和与时俱进的劳动教育人才观的引领下，高校劳动教育育人模式的理念构建应该重视培养大学生的创新能力、实践能力和社会责任感，建立多样化的实训基地和创新实践平台，为大学生提供全方位的服务和支持，实现他们的全面发展。同时，高校还应该加强劳动教育的教学管理，健全评价体系，落实教育教学质量的评价和监控，确保高校劳动教育育人模式能够有效实施和持续改进。高校劳动教育育人模式的理念构建需要建立正确的劳动教育规划观，包括总体规划、内容规划和载体规划三个方面。在总体规划中，应当注重劳动教育在高校教育体系中的地位和作用，制定相应的劳动教育发展战略和目标。在内容规划中，应当建立有针对性的课程体系，强调劳动技能的培养，促进大学生综合素质的提升。在载体规划中，应当构建多元化的劳动教育载体，加强师资队伍建设，建立完善的评价体系。只有具备正确的劳动教育规划观，才能够真正促进高校劳动教育的健康发展，培养具有实践能力、创新精神和社会责任感的高素质大学生。

建设智慧校园平台，能够更好地促进特色劳动教育课程资源的研发，提升教学效果，为大学生全面发展打下坚实的基础。通过整合三个方面的校园文化资源，高校可以建立起一套完整的高校劳动教育育人模式，其中，校园精神载体资源为大学生提供了实践劳动技能的平台和场所，校园先锋示范资源激励大学生树立榜样意识、树立劳动创业精神，校园文化活动资源通过文化活动形式，让大学生更好地了解劳动教育的重要性，可以使高校在整合优秀校园文化资源的基础上，更好地构建劳动教育育人模式的资源体系。这种模式不仅可以提高大学生的实践能力和职业素质，还可以培养他们的创新创业精神和社会责任感，为他们未来发展打下坚实的基础。同时，这种模式也可以促进高校和社会的良性互动，推动高校和社会的共同发展和进步。构建高校劳动教育育人模式时，需要综合借鉴发达国家的劳动教育模式，引进国内外先进教育人才资源和优秀劳动教育资源。探索社会优质劳动教育资源是高校劳动教育育人模式资源构建的重要途径。高校应当深入挖掘社会劳动教育资源，推进产教协同育人，提高教学质量和大学生的竞争力，实现高校劳动教育与产业发展的良性互动。

本书作者在尽量查阅相关资料，深入具体研究的基础上，总体上从以下六章进行阐述。第一章从劳动教育的历史渊源，明确中国古代、近代以及新中国成立以来的劳动教育政策与形式，在此基础上分析新中国成立以来各个时期的劳动教育育人观，把握高校劳动教育育人观的继承与发展逻辑，进一步明确高校劳动教育育人观的内涵与本质。第二章分析高校劳动教育育人模式构建的价值，得出高校劳动教育是新时代高等教育发展的基石，是高水平教师队伍建设的要求，是新时代青年综合发展的需求。第三章以高校劳动教育育人模式的理念为切入点，梳理劳动教育育人的理念，建构劳动教育价值观、人才观、规划观。第四章在整合系统性劳动教育资源的基础上，分析如何深入挖掘课程资源、特色校园建设、产教融合和先进的人才资源。第五章阐述了实现构建层级性的目标要素、创新型的内容要素、全方位的管理要素、多样化的高校劳动教育育人的评价要素，力求发现高校劳动教育育人的新路径。第六章在对高校劳动教育现状的深刻分析下，得出创新是高校劳动教育发展的永恒主题这一结论，在高校劳动教育育人的过程中，时刻秉持"三全育人"的模式，依时而变地予以创新，并对未来高校劳动教育的方向进行积极构想。

目　录

第一章　高校劳动教育育人模式
构建的理论分析

劳动教育是中国特色社会主义教育的重要内容，是中国特色社会主义教育制度的重要特征。新时代高校劳动教育应在中国共产党的领导下，坚持马克思主义劳动观的基本立场，以习近平新时代中国特色社会主义思想为指导。高校要把劳动教育纳入社会主义核心价值观体系建设，以促进大学生德智体美劳全面发展为目标，把劳动教育与大学生的生活实际结合起来，注重加强劳动技术教育和职业技术教育。劳动是人类社会发展的重要动力，中华民族劳动教育有着深厚的历史渊源和实践基础，梳理古今劳动教育的历史，从中总结经验教训，明确新时代劳动教育在高校育人中的内涵与本质。

第一节　高校劳动教育育人的历史逻辑

劳动教育是中国特有的一种教育，有着悠久的历史。古人早就认识到了劳动教育的重要性，并在长期实践中形成了很多有关劳动教育的理念。劳动教育的理念随着不同时代、民族和群体的实践活动，不断丰富和发展。中国古代对劳动者有系统、全面的认识，认为劳动者是社会生活中不可或缺的群体，充分肯定了他们在生产和社会发展中的重要作用。在中国古代、近代和现代社会的教育实践中，也有着丰富的劳动教育思想与实践，有不少观点已成为中国传统劳动教育理论的精华，值得大学生认真思考并加以吸收借鉴。

一、中国古代劳动教育

在中国古代社会，因地理环境和自然条件的限制，靠山者为猎人、近水者为渔夫、居草者为牧民、住沃野者为农夫。重农是古代劳动教育的一个重要思想，它贯穿于中国古代劳动教育的始终。《诗经》中记载："采采芣苢，薄言采之。采采芣苢，薄言有之。采采芣苢，薄言掇之。"① 它描述了古人对劳动的热爱之情。《淮南子》中记载："为治之本，务在于安民；安民之本，在于足用；足用之本，在于勿夺时。"② 治国的根本是衣食充足、人民安定。这些都反映了中国古代劳动教育的重要思想源自传统的农业生产，强调教育要与农业生产相结合。不仅儒家学派提倡"民生在勤，勤则不匮"③ 的主张，道家学派也重视农业生产中的劳动教育问题，强调劳动者必须要懂得耕作、掌握科学的生产技术与方法来提高自身劳动的能力。

（一）中国古代劳动教育的主要历程

先秦时期，井田制是主要的土地制度，耦耕是主要的劳动方式，劳动教育则是以物质生产方式和技能为主。随着社会分工进一步细化，社会经济得到快速的发展，这一时期出现了金属农具，农业种植、养殖技术等逐渐成熟。春秋战国时期也是思想活跃的时期，百家争鸣，许多不同的思想相互碰撞，各地区的文化传统都被系统化、理论化地相融与传承。而随着生产力的发展和技术的进步，人们生活水平有了很大提高，为了更好地满足生活的需要，同时也为了适应当时社会发展的要求，学校教育和家庭教育开始向社会生活领域延伸，形成了家庭教育与学校教

---

① 孔丘，孟轲，等. 四书·五经 [M]. 北京：北京出版社，2006：203.
② 陈广忠. 淮南子 [M]. 北京：中华书局，2016：248.
③ 郭丹. 左传 [M]. 北京：中华书局，2016：173.

育相联系的劳动教育模式。这个时期的家庭劳动教育主要是通过在家庭内部进行劳动生活技能和人生态度教育，而学校劳动教育则以培养有道德、有知识的君子为目标。总体而言，先秦时期为中国古代劳动教育理论和实践提供了丰富而宝贵的经验，同时也为后世提供了有益借鉴。

秦汉时期，随着中央集权制度的逐渐强化，这一时期的劳动以农业为主，各级政府鼓励民众进行农业生产，天子和皇室人员率先垂范，大力推广代田法和区种法。《礼记》描绘了一幅天子、王后、诸侯、夫人共同劳动的场景，不论身居何等高位也要和寻常百姓一样亲自耕作、亲自养蚕，垂身示范地告诫百姓切勿慵懒，要勤于劳动，形成了自上而下、全社会劳动的风貌。在汉代，人们经过长时间的劳动总结出了二十四节气，并用于配合农业耕种，使劳动教育内容得到了进一步的完善。

魏晋南北朝时期，社会战乱频繁，社会动荡、政权更迭，但这一时期的劳动教育得到了一定的发展。某些地区经济得到了一定程度发展，如曹操采纳枣祗、韩浩的建议，在中国北方实行屯田制，军屯和民屯两种先进模式促进了当地经济的发展。东晋在长江以南地区，经济得到了快速发展，中国的经济中心开始南移。

隋唐时期是中国封建社会发展的一个重要阶段，随着生产力的发展，农业生产技术得到了很大提高，促进了手工业、商业和城市的繁荣和发展。这时期不仅官办工商业者和手工业者数量庞大，而且从事手工业的劳动者人数也不少，有很多手工业者的收入远远高于普通农民，有些地方甚至出现了专门从事手工业生产的地主和商人，他们不仅拥有自己的生产和商业组织，还拥有自己的农奴。特别是手工业的发展，门类不断地增多，给劳动教育带来了丰富的内容。

宋代劳动教育基本继承了儒学教育的传统，宋代儒学教育提出修身、齐家、治国、平天下的理念，其主要目的在于培养君子。这种教育理念培养出来的人不仅是内圣外王，能做一位大君子，而且能成为一位大政治家。这种理想教育培养出来的是全面发展的人，同时也是德才兼备的人。因此宋学提倡知行合一，鼓励人们既要躬身实践又要进行理论总结。这一时期劳动教育以儒家文化为指导，并且以培养君子为目标。

元代时期，科技有较大发展，有代表了元代天文历法成就的《授时历》，农业技术教育的《农桑辑要》《王祯农书》和《农桑衣食撮要》，有关地理知识的《舆地图》和医学著作方面的《局方发挥》《格致余论》。元代对外交流空前活跃，与波斯、阿拉伯等国家和地区都有频繁的交流，对国家的科学发展起到了促进作用。元代经济也是以农业为主，在生产技术、垦田面积、粮食产量、水利兴修以及棉花广泛种植等方面都得到了发展。元代官员编写了《劝农文》和《善俗要义》。他们以通俗的文字对百姓进行农业生产技术和知识的教育，在广大农村设置基层管理组织，劝客农桑，兴修水利。

明清时期，人口激增，农业用地扩展，农业种植更加精细，农业科技全面发展，出现了多熟制、间作、轮作、套种等耕作方式。儒家文化中存在"君子谋道不谋食。耕也，馁在其中矣；学也，禄在其中矣"[1]的传统，倡导君子既要读书也要重视劳作。耕读传家的文化影响广泛，被很多读书人镌刻为牌匾，高悬在大门之上或正堂之中。这源于明清时期出现的众多农学书籍和农学家，如徐光启的《农政全书》、鄂尔泰的《授时通考》和杨屾的《知本提纲》等。

古代劳动教育内容丰富、形式多样，取得了一定的成就，对后来中国社会和中华民族的发展产生了深远影响。但是由于封建社会内部斗争剧烈、统治阶级内部矛盾尖锐，古代劳动教育面临严峻考验。

（二）先秦儒家代表人物的劳动教育思想

儒家提倡以修身为中心的教育，将"劳心者治人，劳力者治于人"[2]作为培养人才的方法，认为劳动教育是为了培养有能力、有志向的君子。这一观点反映了古代劳动教育在内容上的片面性特征，即主要以培养人的知识、能力为主，注重知识和技能训练，而轻视劳动态度和观念的培养。这也反映了古代劳动教育实施过程中，由于教育资源不足

---

① 孔丘，孟轲，等. 四书·五经 [M]. 北京：北京出版社，2006：56.
② 万丽华，蓝旭. 孟子 [M]. 北京：中华书局，2016：113.

等，出现了重知识轻技能、重知轻德、重智轻体的现象。

孔子的劳动教育思想主要是通过伦理道德来体现的。他不仅对自己的思想进行了系统整理与阐述，而且还通过三纲五常等思想对学生进行系统的教育。他认为劳动是人的天性与道德，是人必须具备的生活技能和品质。他还重视生产劳动、家庭劳动对人的培养和锻炼，要求学生不仅要做家务劳动、具备生产劳动技能和生活技能，还要有道德情操和文化修养。孔子还把教育分为内圣和外王两个方面，要求学生进行内圣和外王方面的教育和修炼，通过从事某种特定职业以达到道德境界，提高文化修养。

孟子主张要通过劳动教育培养人们的劳动能力，只有具备了劳动能力，才能胜任各种工作。他提倡劳心，即要通过劳动教育培养人们的劳动能力。《孟子》中提道："君子之于物也，爱之而弗仁；于民也，仁之而弗亲。亲亲而仁民，仁民而爱物。"① 这里的"爱之"和"仁之"是指对民众的爱和对百姓的仁。劳动教育的目的为养人之身和养人之心，只有这样才能使人民安居乐业。

荀子认为人的才能不同，应分别授以不同的技术，从而达到劳心与劳力相结合的目的。他认为教育必须分阶段进行，只有循序渐进，才能取得良好的效果。他还认为要想让学生学到有用的知识，必须使他们受到劳动教育，养成勤劳的习惯。荀子对教育和劳动教育也做了进一步的分析，"教也者，长善而救其失者也"②。他指出劳动教育可以使学生培养良好的行为规范，对学生进行教和育能够提高学生的道德修养和能力。

（三）儒家著作中劳动教育思想

《礼记》中记载了很多关于劳动的内容，其中不乏经典思想。一方面是对劳动教育对象的要求，如"大学之道，在明明德"③ 的思想，要

---

① 万丽华，蓝旭. 孟子 [M]. 北京：中华书局，2016：316.
② 孔丘，孟轲，等. 四书·五经 [M]. 北京：北京出版社，2006：280.
③ 李春尧. 大学·中庸 [M]. 长沙：岳麓书社，2019：6.

求受教育者通过劳动来增长才干；另一方面是对劳动教育实施的规定，主张通过劳心来认识事物的规律，此外还要求受教育者要养其德、修其身，通过劳动培养个人的品德。总的来说，这一阶段的劳动教育以学习基本的生产技能和思想品德为主。

《荀子》认为教育应以劳心为中心，将教育纳入生产劳动之中，这也是荀子关于教育内容和目标的理论。《劝学》也提出了君子要博学，就要时刻反省自己，意思是说君子学习要善于从自己的生活经验中体会其中的道理，从而自觉地修正自己的言行，主张将道德教育与生产劳动紧密结合起来。

《大学》将治国作为教育目标之一，在《诚意篇》中指出："知止而后有定，定而后能静，静而后能安，安而后能虑，虑而后能得。"① 这是从自我修养出发，把道德修养作为人生目标的一个组成部分，而劳动则是培养道德的重要途径。这些观点都表明，中国古代劳动教育与思想道德教育的有机结合构成了古代劳动教育内容体系。

二、中国近代劳动教育

从社会发展史的角度看，劳动不仅促进了人类从蒙昧到文明的进化，而且极大地促进了社会生产力的发展和人类生活水平的进步。劳动不仅创造着物质财富，还创造着精神文明。随着资本主义生产方式在世界范围内广泛传播，在西方野蛮文明的冲击下，中国近代劳动教育在夹缝中艰难发展。

（一）中国近代劳动教育的发展

1840 年鸦片战争，西方列强用坚船利炮打开了中国的大门，开始在军事、政治、经济、文化等多方面蚕食这片疆土。在教育领域，西方的教育体系如洪水猛兽般冲击着中国千百年来的儒家文化，西学东渐之

---

① 李春尧. 大学·中庸 [M]. 长沙：岳麓书社，2019：6.

势不可抵挡。

在洋务运动时期，清政府采取"中体西用"的方式创办新式学堂来学习西方的先进技术，以达到师夷长技以制夷的目的，实现自强、求富，其中包括了劳动教育的内容。李鸿章等洋务派主张中学为体、西学为用，开办新式学堂培养人才。1866年6月25日，左宗棠创办福建船政学堂，设有造船专业，目的就是学习西方先进的造船技术，通过学习造船技能，培育船舶制造和设计人才。1876年初，福建巡抚丁日昌在福州设置了当时中国最早的福州电报学堂，请丹麦政府在闽电报公司派专员教习，招收曾在香港、广州学校学习英文的人和福州船政学堂的学生学习电气、电信原理和操作方法，及制造电线、电报等各种机器。1896年，两江总督张之洞在南京创办江南储才学堂，设交涉、农政、工艺、商务四大纲。课程设置上有农政和工艺方面的内容，学习西方先进技术，将相关的农牧和工艺技术教授给学生，属于技法上的劳动教育。

戊戌变法期间，康有为、梁启超所代表的资产阶级改良派笃信农、工、商皆有学，不仅使全民的知识水平、文化素养大为提高，而且带动了各种专门之学的兴起和普及。他们主张废八股、改科举和兴学堂。这时期农、工、商各领域的生产知识与劳动技能逐渐被大众重视。1898年7月3日，中国近代第一所国立大学京师大学堂成立。在《钦定京师大学堂章程》中，大学堂分为预备科、大学专门分科和大学院三级。预备科又分政、艺两科，其中艺科包括声、光、化、农、工、医、算学。大学专门分科共设七科：政治、文学、格致、农业、工艺、商务、医术。课程涉及农业和工艺方面，劳动技能是课程体系的一部分。

民国时期劳动教育在思想与实践上都有了巨大的进展与突破，有机农业向无机农业发展，新型材料与技术替代传统工艺，开始使用机械化工具从事农业劳动。此时，先进知识分子希望将西式教育的先进理念融入中式教育，进而实现中式教育的现代化，深化劳动教育。但由于民国时期社会性质没有发生根本变化，加上"三座大山"的压迫，劳动教育的推进过程十分缓慢且艰巨。

（二）中国近代教育家劳动教育的相关论述

李大钊在《中国教育与职业》一文中阐述了劳动教育的地位。李大钊认为以职业为中心，是以职业为研究对象的学问，在此基础上还指出所谓职业者，就是做着某类职业工作的人，是需要专门训练才能胜任的。由此可见，李大钊在这篇文章中把职业作为一种教育内容来阐述，强调职业教育是为培养劳动者而存在的。学校必须要重视劳动教育，把培养学生的劳动意识与劳动习惯作为其教育任务之一。李大钊提出要通过劳动教育培养学生掌握一种职业所需要的特殊技能与能力，从而增强学生对其所从事职业的责任感和使命感。只有把人培养成既具有特殊技能，又能从事与其职业相适应的工作时，才能成为有能耐的劳动者。同样，对于劳动和读书他主张"知识阶级与劳工阶级打成一气"[①]，要求知识分子尊重劳动并且要融入劳动群众中，同时要求劳动"工人以作工之暇，从事学问"[②]，"要拿他去读书，去看报，去补习技能，慰安灵性"[③]。

晏阳初认为："平民教育于实施文字教育外，即须有生计教育，使人人备具生产的技能，造成能自立的国民。"[④] 他强调平民教育是以劳动为本，以职业为纲，以生产为内容，以生活为中心，其目的在养成现代公民，造就新型国民，是教人做人，做整个人。他认为劳动教育作为一种现实的生活实践活动，具有明显的实践性和社会性特征，是人生教育的根本，是平民教育和乡村建设的本质所在。劳动教育既是人民生活的需要，又是个人成长、社会进步和国家发展的需要。他认为开展劳动教育应以教学活动为中心，必须使教师掌握教与学的方法、手段和步骤。教师要使学生从被动学习转变为主动学习、从传统知识传授向现代知识传授转变，要以学生为主体来开展教学活动。在 20 世纪 20 年代至

---

① 中国李大钊研究会. 李大钊全集：第 2 卷 [M]. 北京：人民出版社，2006：304.
② 中国李大钊研究会. 李大钊全集：第 4 卷 [M]. 北京：人民出版社，2006：75.
③ 中国李大钊研究会. 李大钊全集：第 2 卷 [M]. 北京：人民出版社，2006：292.
④ 马秋帆，熊明安. 晏阳初教育论著选 [M]. 北京：人民教育出版社，1993：33.

30年代，河北定县开展了以劳动教育为中心的平民教育实践，对中国的劳动教育产生了深远影响。

梁漱溟在山东主持乡村建设时，认为劳动有利于社会稳定和经济发展，所以他在课程中专门设计农业、手工业等劳动环节，鼓励所有学生积极参与劳动，还要求在学校日常生活中一切零碎事都要学生自己做，要学着勤劳一点、俭朴一点。

蔡元培是近代中国教育改革的先驱，他认为任何时候都不能停止劳动教育，即使步入机械化时代，劳动教育仍必不可少。正如1930年他在国立劳动大学演说时指出的："现在有了机械，方法复杂，不是从前那样的教法可以学到，所以必须施行教育。"① 随着时代的进步，劳动技能越来越复杂，对劳动教育的需求也更迫切，他进一步指出："这种方法，也是永远在进步的。要学习这种新方法，而且要不断地加以改良，所以要劳动教育。"② 劳动教育的实施对社会发展有着不可替代的作用，蔡元培极力反对旧文化，对儒家所提出的劳心与劳力的观点不以为然，他强调："必须脑力、劳力同时互用，否则不能有良好结果。"③ 对于个体来说，将脑力劳动与体力劳动相结合可以提升自身的素质，不应该将脑力劳动者与体力劳动者相割裂。他指出："进一层言，脑力与劳动同时并进之好处，非独养成身体发达之平均，而最大关键，乃在打破劳动阶级与智识阶级之界限。"④ 蔡元培提出要实现人的全面发展，就要注重劳动教育，只有通过劳动才能让学生体验到生活意义的实现过程，也只有通过劳动锻炼才能增强学生的体魄、毅力和耐性。

吴玉章强调教育是革命的工具，必须与生产劳动相结合，教育不能脱离社会生活和生产劳动。他指出学校不能单纯地为了升学，而应把教学、实验和劳动三者合为一体，作为学校教育的重要内容。他主张教育要与生产劳动相结合，并提出："劳动是人类赖以生存和发展的永久的

---

① 高平叔. 蔡元培教育论著选 [M]. 北京：人民教育出版社，2017：593.
② 蔡元培. 蔡元培文集 [M]. 北京：线装书局，2009：224.
③ 高平叔. 蔡元培教育论著选 [M]. 北京：人民教育出版社，2017：553.
④ 高平叔. 蔡元培教育论著选 [M]. 北京：人民教育出版社，2017：553.

必需的条件，人类生活中的一切财富，整个人类历史以至人类本身，都是劳动创造出来的。"① 他认为学校既是进行教育的工具，同时又是生产的工具，在实际教学中要把课堂知识教学和生产劳动结合起来，使学生认识到为了建设新社会，必须从事生产劳动，必须向学生们讲清楚劳动与知识的关系，使他们懂得人的知识都是来源于社会实践，而劳动生产乃是最基本的实践活动。因此他认为，"我们要逐渐消灭旧社会遗留下来的体力劳动与智力劳动相对立的现象……"②。吴玉章还认为学校必须加强生产劳动方面的教育，这样才能培养出适应现代社会需要的新型人才。他指出现在学校里还没有充分注意到这个问题。因此他提出了三种解决办法：第一是学校必须加强劳动教育，第二是要组织学生到工厂、矿山等生产部门参加劳动，第三是要把学校的体育和劳动相结合。

陶行知认为，"劳动教育的目的，在谋手脑相长，以增进自立之能力，获得事物之真知及了解劳动者之甘苦"③，通过劳动教育，可以协调手和大脑之间的关系，使体力劳动和脑力劳动合二为一。他认为："在劳力上劳心，是一切发明之母。事事在劳力上劳心便可得事物之真理。"④ 个体的创造，劳心劳力缺一不可。他一度认为："中国乡村教育走错了路！他教人离开乡下向城里跑，他教人吃饭不种稻，穿衣不种棉，做房子不造林。他教人羡慕奢华，看不起务农。他教人分利不生利，他教农夫子弟变成了书呆子。"⑤ 因此，他大声呼吁教育要结合生活实际，反对脱离生产生活实际的教育。"行是知之始，知是行之成"⑥，他在晓庄学校的课程中设置农事及机械制造等劳动教育的具体实践课程，并积极鼓励学生深入民间，亲自动手，此足以表明劳动对于教育的重要性，在教育体系中承担着重要的责任。

---

① 中共四川省委党史工作委员会《吴玉章传》编写组. 吴玉章文集：上 [M]. 重庆：重庆出版社，1987：464.

② 中共四川省委党史工作委员会《吴玉章传》编写组. 吴玉章文集：上 [M]. 重庆：重庆出版社，1987：468.

③ 陶行知. 陶行知全集：第2卷 [M]. 成都：四川教育出版社，2005：331.

④ 陶行知. 中国教育改造 [M]. 北京：商务印书馆，2017：105.

⑤ 陶行知. 生活即教育 [M]. 武汉：长江文艺出版社，2019：61.

⑥ 北京市陶行知教育思想研究会. 陶行知研究 [M]. 长沙：湖南教育出版社，1987：307.

黄炎培改革脱离社会生活和生产的传统教育，建设中华职业教育，把一生都献给了中国职业教育事业。黄炎培认为劳动最光荣，劳动者才是最神圣的，肯定了劳动的价值。要使读书的动手、动手的读书，把读书和做工两者联系起来。手和脑的劳动不应该分成两部分看待，通过训练和相应的劳动教育将二者并为一家，可以提高人的天赋能力。黄炎培将职业教育作为强国富民的重心，并视劳动教育为职业教育的基础，将尊重劳动列为学生入学誓约的首要条目。

在近代教育家们对劳动教育一系列进步的探索下，中国劳动教育事业得到了相当程度的发展，但处于半殖民地半封建的社会性质下，并没有取得实质性的进步。近代中国虽然涌现出了较为先进的劳动思想，劳动教育也取得了一定程度上的发展，但由于社会性质等多种因素的制约，劳动教育的效果始终差强人意。

三、中国现代劳动教育

现代教育已经把劳动教育从原来培养劳动技能转向了培养综合素质能力，把劳动与做人、幸福等词联系在一起。劳动不仅仅是体力劳动，也是脑力劳动，让学生进行更多的体力劳动，是培养他们成为一个全面发展社会人的重要途径。中国共产党一直重视劳动教育，1949 年 9 月29 日，中国人民政治协商会议第一届全体会议通过了《中国人民政治协商会议共同纲领》，将爱劳动作为中华人民共和国全体公民的公德之一，并提出"有计划有步骤地实行普及教育，加强中等教育和高等教育，注重技术教育，加强劳动者的业余教育和在职干部教育，给青年知识分子和旧知识分子以革命的政治教育，以应革命工作和国家建设工作的广泛需要"①。新中国成立以来，经过党对劳动教育不同时期的探索，已经形成了一套独特的劳动教育体系。

---

① 中共中央文献研究室. 建国以来重要文献选编：第 1 册［G］. 北京：中央文献出版社，1992：11.

（一）新中国成立初期有关劳动教育的政策（1949 年 10 月—1956 年底）

新中国成立初期，随着社会经济的恢复与发展，党和政府高度重视劳动教育的重要性，并大力开展劳动教育，有效地促进了学生的全面发展。

1950 年 8 月 2 日，政务院第 43 次政务会议讨论通过的《关于实施高等学校课程改革的决定》正式公布，强调加强教学与实际的结合，并提出要将实习和参观作为教学的重要内容。

1952 年 3 月 31 日，《政务院关于整顿和发展中等技术教育的指示》指出："学校必须与有关的工厂、矿山、农场等建立密切联系，重视校内和校外的实验与实习，实验实习的时间应与技术课的讲授时数大体相等。"①

1954 年 6 月 5 日，《中央人民政府政务院关于改进和发展中学教育的指示》中指出："关于劳动教育，是要培养学生的社会主义劳动观点，将劳动看作是光荣的事业，热爱劳动，对劳动具有自觉的积极的态度；纠正轻视体力劳动、轻视工农体力劳动者的错误思想。在学校教育中，应当配合着课堂教学，适当组织学生作一些力所能及的有教育意义的体力劳动。"②

1955 年 9 月，《小学教育计划及关于小学课外活动的规定的命令》要求小学阶段每周要有一节手工劳动课，并提出将生产劳动作为课外活动的重要内容。虽然该文件只提到了小学劳动教育，但在一定程度上对高校劳动教育起到了借鉴作用。新中国成立初期，学校劳动教育迎来了新的发展。

---

① 中共中央文献研究室. 建国以来重要文献选编：第 3 册 ［G］. 北京：中央文献出版社，1992：141.

② 中共中央文献研究室. 建国以来重要文献选编：第 5 册 ［G］. 北京：中央文献出版社，1993：198.

（二）社会主义建设时期有关劳动教育的政策（1956 年底—1978 年）

1956 年底，随着社会主义三大改造的完成，中国正式进入了社会主义建设时期。1957 年 6 月 26 日，周恩来在第一届全国人民代表大会第四次会议上的报告中指出："高等学校中也应该加强劳动教育，学生毕业后一般地应该参加一定的体力劳动，今后应该对此定出一些制度，逐步实施。"①

1958 年 1 月，毛泽东在《工作方法六十条（草案）》中要求"学生实行半工半读"②，并建议农村学生还应当利用假期、假日或者课余时间回到本村参加生产。同年 9 月 19 日，《中共中央 国务院关于教育工作的指示》要求："必须把生产劳动列为正式课程。每个学生必须依照规定参加一定时间的劳动。"③ 勤工俭学、半工半读的浪潮席卷全国，"知识分子劳动化，劳动人民知识化"④ 成为红极一时的口号。"今后的方向，是学校办工厂和农场，工厂和农业合作社办学校"⑤ 成为当时办学的主要特色。

1959 年 3 月 22 日，《国务院关于全日制学校的教学、劳动和生活安排的规定》指出："学生参加生产劳动有三种基本形式：一种是在学校举办的农场和工厂中参加劳动，一种是学校安排的下厂下乡的劳动，一种是参加社会公益劳动。"⑥

20 世纪 60 年代初，全国大中小学普遍重视劳动课的开设与实施。

---

① 中共中央文献研究室. 建国以来重要文献选编：第 10 册 [G]. 北京：中央文献出版社，1994：320.

② 中共中央文献研究室. 毛泽东文集：第 7 卷 [M]. 北京：人民出版社，1999：360.

③ 中央档案馆，中共中央文献研究室. 中共中央文件选集（一九四九年十月——一九六六年五月）：第 29 册 [G]. 北京：人民出版社，2013：35.

④ 中共中央文献研究室. 建国以来重要文献选编：第 19 册 [G]. 北京：中央文献出版社，1998：514.

⑤ 中央档案馆，中共中央文献研究室. 中共中央文件选集（一九四九年十月——一九六六年五月）：第 29 册 [G]. 北京：人民出版社，2013：36.

⑥ 中央档案馆，中共中央文献研究室. 中共中央文件选集（一九四九年十月——一九六六年五月）：第 31 册 [G]. 北京：人民出版社，2013：103.

因此，在社会主义建设时期，学校除了加强学生基础知识的教育外，还重视培养学生的劳动习惯和劳动技能。这个时期开展的劳动课大多以生产劳动为主，为学生未来参加生产打下了良好基础。从 20 世纪 50 年代到 80 年代，国家在义务教育阶段（小学、初中）开设劳动课，劳动教育成为中国一项重要的基础教育课程。

（三）改革开放以来有关劳动教育的政策（1978 年底—2012 年）

1978 年 4 月 22 日，邓小平在全国教育工作会议上指出："为了培养社会主义建设需要的合格的人才，我们必须认真研究在新的条件下，如何更好地贯彻教育与生产劳动相结合的方针。"[①] 随着改革开放的伟大决定，学校劳动教育也迎来了快速发展，劳动教育渐渐从农场、工厂回归到校园。

1981 年 6 月 27 日，党的十一届六中全会通过了《关于建国以来党的若干历史问题的决议》，其中指出："坚持德智体全面发展、又红又专、知识分子与工人农民相结合、脑力劳动与体力劳动相结合的教育方针。"[②] 这在一定程度上肯定了脑力劳动与劳动教育的结合。1981 年，教育部颁布的《关于制订全日制六年制重点中学教学计划（试行草案）》首次提出中学阶段开设劳动技术课，进行劳动技术教育，使学生既能动脑，又能动手，手脑并用，全面发展。该文件既对中学劳动技术教育课明确了课时，又对劳动技术教育的成绩考核提出了明确要求。

1982 年 10 月 19 日，教育部颁发《关于普通中学开设劳动技术教育课的试行意见》，其中提到劳动技术教育是中学教育不可缺少的组成部分，开设劳动技术教育课的目的，在于培养德、智、体全面发展的一代新人。这是社会主义现代化建设的需要，对于今后提高教育质量，建设社会主义物质文明和精神文明，逐步缩小甚至消除脑力劳动和体力劳

---

① 邓小平. 邓小平文选：第 2 卷 [M]. 北京：人民出版社，1994：107.
② 中共中央文献研究室. 改革开放三十年重要文献选编：上 [G]. 北京：中央文献出版社，2008：214.

动的差别，具有重大而深远的意义。

　　1986 年，国家教委颁发《关于加强中小学劳动技术教育的意见》，首次提出要有计划地安排学生参加一些力所能及的生产劳动，逐步培养学生热爱劳动、热爱社会主义国家、热爱劳动人民和尊重知识、尊重人才的思想感情。改革开放以来，党中央在观念上认真调整劳动教育政策方向，在实践中加强劳动教育系统建设。在教育与生产劳动相结合方针的指引下，劳动技术教育有了长远的发展，其学科和课程地位再一次得以确定，但由于一些主客观原因，国内劳动技术课程发展依然不平衡。

　　1993 年 2 月 13 日，中共中央、国务院印发的《中国教育改革和发展纲要》指出："教育改革和发展的根本目的是提高民族素质，多出人才，出好人才。各级各类学校要认真贯彻'教育必须为社会主义现代化建设服务，必须与生产劳动相结合，培养德、智、体全面发展的建设者和接班人'的方针，努力使教育质量在九十年代上一个新台阶。"[1] 明确指出了劳动教育的内容与重要性。"加强劳动观点和劳动技能的教育，是实现学校培养目标的重要途径和内容。各级各类学校都要把劳动教育列入教学计划，逐步做到制度化、系列化。社会各方面要积极为学校进行劳动教育提供场所和条件。"[2]

　　2001 年 5 月 29 日，国务院发布的《关于基础教育改革与发展的决定》指出："必须与生产劳动和社会实践相结合，培养德智体美等全面发展的社会主义事业建设者和接班人。"[3] 该决定建议多开发实践和活动课程，充分利用社会教育资源，开展各种活动，加强学生社团组织指导，鼓励学生积极参与志愿服务和公益事业，包括拥军优属、敬老服务、帮贫扶困、环境保护、主题宣传、科普活动、定向服务以及维持交通秩序、支援农忙、扫盲辅导等活动。

　　21 世纪以来，劳与育逐步分离。可见，中国早在 20 世纪 70 年代末就已经在大中小学开展了相关课程及活动，20 世纪 90 年代开始重视

---

① 中共中央文献研究室. 十四大以来重要文献选编：上 [G]. 北京：人民出版社，1996：77.
② 中共中央文献研究室. 十四大以来重要文献选编：上 [G]. 北京：人民出版社，1996：80.
③ 中共中央文献研究室. 十五大以来重要文献选编：下 [G]. 北京：人民出版社，2003：1836.

程度明显提高，并将其作为教育改革和发展的重要内容来抓。

（四）新时代以来有关劳动教育的政策（2012 年至今）

党的十八大以来，中国特色社会主义进入新时代，劳动教育不断深化，劳动教育的内容也进一步拓展。针对劳动教育在学校中被弱化，在家庭中被软化，在社会中被淡化，中小学生劳动机会减少、劳动意识缺乏，出现了一些学生轻视劳动、不会劳动、不珍惜劳动成果的现象，为加强新时期大中小学劳动教育，2015 年 7 月 20 日，教育部联合共青团中央、全国少工委印发了《关于加强中小学劳动教育的意见》，提出要明确劳动教育的主要目标、坚持劳动教育的基本原则、抓好劳动教育的关键环节、完善劳动教育的保障机制等要求。

2018 年 9 月 10 日，习近平总书记在全国教育大会上指出："要努力构建德智体美劳全面培养的教育体系，形成更高水平的人才培养体系。"[1] 创造性地提出了"要在学生中弘扬劳动精神，教育引导学生崇尚劳动、尊重劳动，懂得劳动最光荣、劳动最崇高、劳动最伟大、劳动最美丽的道理，长大后能够辛勤劳动、诚实劳动、创造性劳动"[2]。

2019 年 6 月 23 日，中共中央、国务院印发《关于深化教育教学改革全面提高义务教育质量的意见》，提出要坚持"五育并举"，构建德智体美劳全面发展的教育体系，这是劳动教育作为与其他四育对等的概念首次在中央正式文件中被提出。《关于深化教育教学改革全面提高义务教育质量的意见》还要求优化综合实践课程结构，确保劳动教育课时不少于一半，并对劳动教育的具体发展提出了指导性建议。

为构建德智体美劳全面培养的教育体系，2020 年 3 月 20 日，中共中央、国务院颁发《关于全面加强新时代大中小学劳动教育的意见》。2020 年 7 月 7 日，教育部印发《大中小学劳动教育指导纲要（试行）》，

---

① 中共中央党史和文献研究院. 十九大以来重要文献选编：上 ［G］. 北京：中央文献出版社，2019：653.

② 中共中央党史和文献研究院. 十九大以来重要文献选编：上 ［G］. 北京：中央文献出版社，2019：653.

为高校劳动教育指明了发展方向，劳动教育持续发展，更加强调"五育并举"，突出脑力劳动与体力劳动相结合。体脑结合的劳动教育是实现大学生全面发展的必由之路，是推动高校高质量发展的有力支撑，是助力全面建设社会主义现代化国家的重要途径。

第二节 高校劳动教育育人的理论逻辑

劳动教育经过了长期的理论集成与发展，中国共产党历代领导人在充分吸收马克思主义劳动观的基础上，根据中国的现实需要不断丰富劳动观的内容，凝练出最精华的高校劳动教育育人观。

一、马克思主义劳动观

人类从蒙昧状态走向文明的过程是一个自然历史的过程，劳动是人类起源和发展的根本动力。劳动创造了人，创造了人类，使人区别于动物成为有主观意识的自然人，能够从事生产劳动。马克思认为劳动是人的本质活动，在物质生产实践中，一切生物都要靠劳动来生存。劳动不仅是人的本质活动，也是促进社会发展、推动人类社会进步的重要途径。劳动是人的本质属性，是人类社会得以存在和发展的基础。

在原始氏族社会中，人类从一开始就处于一种群体生活的状态中。马克思认为："人的本质不是单个人所固有的抽象物，在其现实性上，它是一切社会关系的总和。"[1] 人类在群体中以一定的方式进行生产劳动，形成了一定的社会关系，而社会分工又促进了人类文明发展与进步。但随着社会生产的不断发展和社会化程度的不断提高、社会分工也

---

[1] 中共中央马克思恩格斯列宁斯大林著作编译局. 马克思恩格斯选集：第1卷［M］. 北京：人民出版社，2012：139.

越来越具有阶级性。经济关系与社会关系进一步复杂化，两者交织在一起时，必然会产生不同类型的阶级和政治派别、不同职业和工种之间发生对立和斗争，进而激化各种尖锐的矛盾。同时，社会劳动也不再只是生产劳动本身及其所产生的结果，由于生产劳动在整个社会生产中具有更为突出的作用，也就必然成为推动社会历史发展进步和社会形态更迭最根本的力量。马克思主义认为劳动作为社会发展的动力，是建立在人们认识自然界的基础上的，劳动是一个不断认识世界、改造世界的过程。

劳动创造了人类历史、促进了人类文明进步与发展。因此，马克思、恩格斯把人类一切生产活动都称为生产过程，强调劳动与文明发展、进步之间相互作用、不可分割的关系。在这一点上，高校必须高度重视对广大人民群众特别是大学生群体进行正确引导和教育。马克思主义劳动观不仅在人与自然、社会之间关系的论述中得到体现和运用，也体现在人的自由全面发展理论中。人的自由全面发展在劳动过程中得以实现，马克思、恩格斯在此基础上提出了人的自由全面发展学说。他们认为人是自然、社会和思维三种力量构成的统一体，人的全面发展是通过自身来证明的。因此人应当从自己出发，通过劳动去发现自己、塑造自己。

在马克思主义劳动观的形成过程中，恩格斯从理论和实践相结合的角度，对资本主义社会中工人劳动状况进行了深刻分析，揭示了资本主义制度下工人劳动异化的事实和劳动价值被资本所控制的实质。马克思与恩格斯在《德意志意识形态》中进一步深入研究了资本主义条件下工人生产劳动过程中人与人之间的社会关系，指出资本主义生产过程是工人从社会中脱离出来并异化为物的过程，即人被物所奴役和压迫的过程。在此基础上，马克思、恩格斯对未来社会制度下无产阶级劳动状况进行了深入思考，认为只有建立以生产资料公有制为基础、以按劳分配为主体、以社会主义公有制为补充的新型社会生产关系，才能实现人人平等、各尽所能的共产主义理想。

《共产党宣言》揭示了无产阶级革命斗争所要达到的根本目的，为无产阶级勾勒了美好生活的崭新图景，即以"自由人联合体"① 实现每个人得到自由而全面发展的共产主义社会。《资本论》揭示了资本主义生产方式下工人劳动异化、人与人之间关系异化和商品交换异化的基本事实，指明资本主义生产方式是一切生产资料集中在少数人手里，变成了统治社会的力量，从而造成阶级对立和流血冲突。在此基础上，马克思、恩格斯提出以生产资料公有制为主体、多种所有制经济共同发展的科学构想，以及建立自由人的联合体理想社会。《资本论》首次创立了科学的劳动价值论和剩余价值理论，深刻揭示了剩余价值产生和分配的一般规律，科学地回答了资本主义私有制条件下劳动为何异化为物，并进而导致人与人之间关系的异化这一重大问题。

劳动是人的本质，人的全面发展必须建立在劳动实践上。马克思将人类社会分为三大社会劳动形态，即以物的依赖性为基础的人的独立性（即劳动者与生产资料相结合）、以直接生活为基础的人的自由个性（即劳动者与生产资料相分离）和以交换为基础的人的全面发展（即劳动者与生产资料相结合）三个劳动阶段。其中，劳动创造了人，劳动是人类社会发展进步和文明程度提升最重要、最直接的驱动力，高校劳动教育首先要以大学生正确认知劳动为前提。

马克思主义劳动观在实践中不断发展壮大，为无产阶级革命和社会主义建设提供了理论指导和行动指南。因此，新时代高校劳动教育更应从马克思主义理论出发，结合当前社会现实，思考和解决问题。马克思主义劳动观作为一个系统科学理论体系，贯穿着唯物辩证法这一哲学基础，对于新时代高校劳动教育也具有一定的方法论指导。从历史唯物主义角度，对历史人物评价不能脱离历史条件和时代条件得出过于严苛甚至简单化的结论，要依据时代发展之势，进一步发展马克思主义劳动观，做到与中国特色社会主义进一步融合。高校劳动教育必须坚持马克思主义劳动观的指导，教育新时代大学生正确认知劳动，才能确保

---

① 中共中央马克思恩格斯列宁斯大林著作编译局. 马克思恩格斯选集：第 2 卷 [M]. 北京：人民出版社，2012：126.

其在劳动实践中不忘初心、坚守本色。高校劳动教育是要使大学生树立正确的劳动观，使他们明白在社会生活中需要通过劳动来获得生存所需营养、发展所需动力，进而实现自我价值。

二、毛泽东关于劳动的相关论述

中国共产党高度重视劳动教育，毛泽东同志作为中国共产党的第一代领导集体的核心人物，在新民主主义革命时期、社会主义革命和建设时期，根据不同的时代背景，对劳动教育作出了一系列重要的指示和论述。毛泽东关于劳动的相关论述包括：始终坚持劳动教育与教育本身的进步相一致，与培养革命事业接班人相结合，与人的全面发展目标相统一等。

1921 年 8 月 16 日，毛泽东在《湖南自修大学组织大纲》中专设了有关劳动的内容，并提出："本大学学友为破除文弱之习惯，图脑力与体力之平均发展，并求知识与劳力两阶级之接近，应注意劳动。"① 此外，还需要配备相应的基础设施促进劳动教育能够更好地达到目的。在土地革命战争时期，毛泽东提出红军战斗队、生产队、宣传队在内的三大任务。1939 年 2 月，中共中央在延安召开生产动员大会，毛泽东号召陕甘宁边区军民"都要进行生产自给运动，用自己动手的方法"②，要求部队在不妨碍作战的条件下参加生产运动。陕甘宁边区党政机关、部队、学校和群众响应号召，首先开展了大规模的生产运动。

1939 年 5 月 4 日，毛泽东在《五四运动》这篇纪念文章中指出："所以全国知识青年和学生青年一定要和广大的工农群众结合在一块，和他们变成一体，才能形成一支强有力的军队。"③ 毛泽东认为知识青

---

① 中共中央文献研究室. 毛泽东年谱（1893—1949）（修订本）：上卷 [M]. 北京：中央文献出版社，2013：84.
② 中共中央文献研究室. 毛泽东文集：第 3 卷 [M]. 北京：人民出版社，1996：46.
③ 中共中央文献研究室，中央档案馆. 建党以来重要文献选编（1921—1949）：第 16 册 [G]. 北京：中央文献出版社，2011：285.

年和工农群众的结合推进了中国的民主革命运动进程。

新中国成立后，毛泽东更加重视劳动在人民群众中的基础作用，提出要大力发展生产力、使人民群众过上幸福的生活的劳动理念。为了实现这个目标就必须创造条件让广大群众都参加劳动，同时向广大群众宣传教育，使大家懂得劳动人民最光荣。

1955 年 12 月，毛泽东在《在一个乡里进行合作化规划的经验》一文按语中指出："其中提到组织中学生和高小毕业生参加合作化的工作，值得特别注意。一切可以到农村中去工作的这样的知识分子，应当高兴地到那里去。农村是一个广阔的天地，在那里是可以大有作为的。"①劳动教育对知识分子有着重要价值，知识分子要在农村的劳动中大展宏图。

1956 年 10 月 25 日，中共中央政治局在《1956 年到 1967 年全国农业发展纲要（修正草案）》的文件中，第一次提出了"知识青年上山下乡"的概念，这也成了知青上山下乡运动开始的标志。

1957 年 2 月 27 日，毛泽东在《关于正确处理人民内部矛盾的问题》中明确提出"我们的教育方针，应该使受教育者在德育、智育、体育几方面都得到发展，成为有社会主义觉悟的有文化的劳动者"②，具体指出教育培养的总体目标是有文化的劳动者，将教育与劳动联系起来。

1957 年 3 月 12 日，毛泽东在中国共产党全国宣传工作会议上说："许多东西单从书本上学是不成的，要向生产者学习，向工人学习，向贫农下中农学习，在学校则要向学生学习，向自己教育的对象学习。"③向一切劳动者学习的思想是毛泽东劳动观的重要组成部分。一是向农民学习，毛泽东从农民身上学习了很多东西，他指出农民是我们第一个要依靠的群众，要向一切劳动者学习，向一切有经验的人学习，这是我们

① 中共中央文献研究室. 毛泽东年谱（一九四九—一九七六）：第 2 卷 [M]. 北京：中央文献出版社，2013：495.
② 中共中央文献研究室. 毛泽东文集：第 7 卷 [M]. 北京：人民出版社，1999：226.
③ 中共中央文献研究室. 毛泽东文集：第 7 卷 [M]. 北京：人民出版社，1999：271.

获取知识的捷径。二是向工人学习，如技术知识、管理经验等。要虚心向工人群众和知识分子学习，要学他们的技术知识、管理经验。他提出了"教育必须为无产阶级政治服务，必须同生产劳动相结合。劳动人民要知识化，知识分子要劳动化"① 的重要论述。1958 年 9 月 19 日，中共中央、国务院印发的《关于教育工作的指示》将生产劳动列入了学校的正式课程，提出了六并举的教育原则，"全日制学校与半工半读、业余学校并举"② 是其中之一。1961 年 8 月，毛泽东充分肯定了江西共产主义劳动大学半工半读、勤工俭学的办学模式，要求在全国各地推广这种半工半读、勤工俭学的优秀办学经验。这种办学模式促进了新时期劳动教育的发展，尊重了大学生的成长，为新时期劳动教育提供了基础，合理运用勤工俭学的形式。

1968 年 12 月 22 日，毛泽东下达了"知识青年到农村去，接受贫下中农的再教育，很有必要"③ 的指示。自此全国范围内掀起了知识青年上山下乡运动，劳动教育贯穿于青年的成长过程。直至 1978 年 10 月，全国知识青年上山下乡工作会议决定停止上山下乡运动并妥善安置知青的回城和就业问题。

毛泽东把马克思主义劳动观与中国革命和建设实际相结合，并形成了有中国特色的劳动理念。毛泽东关于劳动的相关论述是对马克思主义的理论探索和伟大实践，把劳动与劳动人民紧密联系起来，并赋予其新的内容，对以后马克思主义劳动观的中国化进程产生了深远影响。

三、邓小平关于劳动的相关论述

邓小平在吸收借鉴马克思主义劳动观、毛泽东关于劳动的相关论述

---

① 中共中央文献研究室. 建国以来重要文献选编：第 19 册 [G]. 北京：中央文献出版社，1998：68.

② 中央档案馆，中共中央文献研究室. 中共中央文件选集（一九四九年十月——一九六六年五月）：第 29 册 [G]. 北京：人民出版社，2013：37.

③ 中共中央文献研究室. 毛泽东年谱（一九四九——一九七六）：第 6 卷 [M]. 北京：中央文献出版社，2013：223.

的基础上，形成了自己的相关论述，是马克思主义中国化的又一个理论成果。他一直坚持和倡导劳动是重要生产力，强调劳动与人才的重要性，并指出："要尊重劳动，尊重人才。"① 由此可见，他在认识劳动、重视劳动和追求劳动、研究劳动问题方面是一以贯之、坚定不移的。

1978 年 4 月 22 日，邓小平在全国教育工作会议上指出，"在无产阶级取得政权之后，这是培养理论与实际结合、学用一致、全面发展的新人的根本途径，是逐步消灭脑力劳动和体力劳动差别的重要措施"②，明确了新时期的教育任务与高校培养人才的方向，并强调教育事业必须同国民经济发展的要求相适应。1982 年，教育部颁发的《关于普通中学开设劳动技术教育课的试行意见》正式提出劳动技术教育这一概念，指出开设劳动技术教育课是社会主义现代化建设的需要。

在长期的建设实践中，邓小平深刻地认识到劳动的重要性。在指导建设中国特色社会主义的过程中，他对劳动的认识不断深化，提出了一系列具有深远意义的论述。他回答了建设什么样的社会主义、怎样建设社会主义的问题，提出不能丢掉劳动，要靠劳动来改造世界，努力劳动是为了得到自己所需要的东西的重要观点。劳动必须尊重人的尊严，这是邓小平关于劳动相关论述的重要价值。邓小平强调指出劳动必须尊重人，厘清了劳动与尊重人之间是一种相辅相成、互促共进的关系。如果劳动不能让劳动者享受到应得的尊严和权利，这样的劳动是不能持久的。

邓小平在学习马克思主义经典著作的基础上，形成了一整套系统完整、逻辑严密、博大精深的思想体系，其中蕴含着丰富而深刻的劳动观。对它进行全面而深入的研究和把握，无疑具有十分重要的理论意义和现实价值。

---

① 邓小平. 邓小平文选：第 2 卷 [M]. 北京：人民出版社，1994：50.
② 邓小平. 邓小平文选：第 2 卷 [M]. 北京：人民出版社，1994：107.

四、江泽民关于劳动的相关论述

江泽民关于劳动的相关论述主要集中于对劳动教育的重要性认知、教育与生产劳动和社会实践相结合，强调了参加劳动实践对促进大学生健康成长和全面发展具有积极意义。

1994 年 6 月 14 日，江泽民明确指出："如果只是让学生关起门来读书，不参加劳动，不接触社会实践，不了解工人农民是怎样辛勤创造社会财富的，不培养劳动人民感情，是不利于他们健康成长和全面发展的。学生适当参加一些物质生产劳动，应该成为一门必修课，不是可有可无，这一点务必充分认识和高度重视。"[①] 党的十六大报告提出："坚持教育为社会主义现代化建设服务，为人民服务，与生产劳动和社会实践相结合，培养德智体美全面发展的社会主义建设者和接班人。"[②] 创造性地提出了教育要与社会实践相结合，拓宽了劳动教育的实践范围。

江泽民提出劳动是人类最本质的活动，是社会物质财富和精神财富的创造活动，并把它作为核心观点。他提出了很多关于劳动的重要论述，其中，劳动是人类本质活动，人们要通过劳动实现自己幸福生活的观点最为鲜明。江泽民在领导中国特色社会主义建设的过程中，坚持劳动是人全面发展和社会进步的基础。劳动创造了人，人的发展依赖于人类自身的发展和社会生产力的发展。在劳动中，人自觉认识和改造客观世界并对自己行为进行约束、调节、控制、管理。尊重劳动、尊重知识和尊重人才是全面建设小康社会的根本要求。这在一定程度上回答了中国共产党为什么要重视劳动、尊重知识和尊重人才的问题。

五、胡锦涛关于劳动的相关论述

胡锦涛高度重视劳动的力量，并认为热爱劳动、尊重劳动应该成为

---

① 江泽民. 江泽民文选：第 1 卷 [M]. 北京：人民出版社，2006：372-373.
② 中共中央文献研究室. 十六大以来重要文献选编：上 [G]. 北京：中央文献出版社，2005：31.

全社会共同的道德认识，针对社会生活中对劳动者的各种歧视现象，胡锦涛提出让劳动者体面劳动，尊重劳动者，落实劳动者的权益保障，树立科学又正确的劳动观，才能使社会主义现代化建设沿着正确的轨道前进。

胡锦涛关于劳动的相关论述是在继承马克思主义劳动观和毛泽东、邓小平、江泽民等党的领导人关于劳动问题思想的基础上，通过长期实践形成的。他把劳动作为人的第一需要，从实践层面论述了劳动是人存在和发展的基本前提，阐明了人以劳动为前提而存在，并在劳动中发展自身的观点，从理论层面阐明了劳动者是社会主体，是个人主体性和社会主体性的统一。

胡锦涛强调劳动创造伟大，并指出，"要全面贯彻尊重劳动、尊重知识、尊重人才、尊重创造的方针"①。劳动创造了世界，劳动是人类文明进步发展的源泉。在社会主义国家中，尤其要使热爱劳动、勤奋劳动、尊重劳动、保护劳动蔚然成风。他强调劳动及劳动创造对激发人民创新性有重要作用。

2010 年 7 月 13 日，胡锦涛在全国教育大会上的讲话中指出，"要促进学生全面发展，优化知识结构，丰富社会实践，加强劳动教育"②。生活中成就任何一项伟业都离不开劳动，劳动是人类文明进步的源泉，劳动创造世界。在社会主义国家，一定要全社会大力培育和弘扬劳动光荣、知识崇高、人才宝贵、创造伟大的时代新风，让全体人民特别是大学生都懂得并崇尚劳动最光荣、劳动者最伟大的真理。

胡锦涛关于劳动的相关论述体现在现实社会中，人们要不断发展自身、创造财富，就要成为主体；要努力为社会创造价值，就要成为主体，要实现自身价值，就必须成为主体。因此，作为大学生一定要正确认识自己的作用与地位。胡锦涛从理论层面阐明了劳动教育是以劳动为前提，并在劳动中发展自身的过程，实现人的全面发展是社会和谐进步

① 胡锦涛. 胡锦涛文选：第 2 卷 ［M］. 北京：人民出版社，2016：292.
② 胡锦涛. 胡锦涛文选：第 3 卷 ［M］. 北京：人民出版社，2016：421.

和共产主义最终实现的基础。

六、习近平关于劳动的相关论述

习近平关于劳动的相关论述是习近平新时代中国特色社会主义思想的主要组成部分，主要包括劳动光荣的思想、劳动伟大的思想、劳模精神的思想、劳动创造一切的思想等，这是习近平总书记关于劳动的相关论述的理论基础，也是党和国家必须长期坚持的指导思想。坚持以习近平新时代中国特色社会主义思想为指导，需要深入学习习近平总书记关于劳动的相关论述，使之成为推动中国特色社会主义事业发展和实现中华民族伟大复兴的强大动力。

新发展阶段以来，中国经济发展取得了举世瞩目的成就，也暴露出许多发展中亟待解决的矛盾和问题。如果一个人没有劳动意识或者劳动能力，那么他所拥有的财富最终会消失殆尽。同理，如果一个民族没有劳动意识或者劳动能力，那么这个民族也将面临空前的危机。党的十八大以来，以习近平同志为核心的党中央高度重视劳动者素质教育工作，非常重视劳动教育和劳模精神的培育。习近平总书记强调："必须坚持崇尚劳动、造福劳动者。劳动是财富的源泉，也是幸福的源泉。人世间的美好梦想，只有通过诚实劳动才能实现；发展中的各种难题，只有通过诚实劳动才能破解；生命里的一切辉煌，只有通过诚实劳动才能铸就。"[①] 从某种意义上讲，高校一定要高度重视培养大学生热爱劳动、热爱人民的价值观念。

2015 年 5 月 1 日，习近平总书记在庆祝"五一"国际劳动节大会上指出："劳动是人类的本质活动，劳动光荣、创造伟大是对人类文明进步规律的重要诠释。"[②] 劳动作为一项客观实践活动，离不开劳动主体即劳动者的参与，劳动意义与价值的彰显离不开劳动者的参与。

---

① 习近平. 习近平谈治国理政：第 1 卷 [M]. 北京：外文出版社，2018：46.
② 习近平. 在庆祝"五一"国际劳动节暨表彰全国劳动模范和先进工作者大会上的讲话 [M]. 北京：人民出版社，2015：3—4.

习近平总书记认为劳动者来源于广大人民群众，要尊重广大基层的一线劳动者，同时也特别强调要关爱与重视这类人群。习近平总书记强调："一切劳动，无论是体力劳动还是脑力劳动，都值得尊重和鼓励；一切创造，无论是个人创造还是集体创造，也都值得尊重和鼓励。全社会都要贯彻尊重劳动、尊重知识、尊重人才、尊重创造的重大方针，全社会都要以辛勤劳动为荣、以好逸恶劳为耻，任何时候任何人都不能看不起普通劳动者，都不能贪图不劳而获的生活。"① 劳动是伟大的，也是辛苦的，劳动的正常有序开展离不开强大的信念支撑，因此劳动也具有一定的精神属性。习近平总书记对劳动精神十分关注，多次提及要注重培植劳动精神。

2016 年 4 月 26 日，习近平总书记在知识分子、劳动模范、青年代表座谈会上指出："劳动模范身上体现的'爱岗敬业、争创一流，艰苦奋斗、勇于创新，淡泊名利、甘于奉献'的劳模精神，是伟大时代精神的生动体现。"② 劳模精神值得肯定与鼓励，更需要弘扬与宣传，"让劳动最光荣、劳动最崇高、劳动最伟大、劳动最美丽蔚然成风"③，方能凝聚更为强大的力量来推动社会主义事业的发展。

习近平总书记多次强调要把劳动教育摆在重要位置，培养担当民族复兴大任的时代新人。习近平总书记指出："幸福不会从天降，美好生活靠劳动创造。"④ 习近平总书记对社会主义劳动提出了新的理念、新的内涵和要求，形成了与时俱进的劳动论述。天下之本在国，国之本在家，劳动是中华民族最鲜明的民族品格，是中华民族的根基。以劳动为核心概念的中华传统优秀文化中，不仅包含对劳动的尊崇和赞美，还包含对劳动者、劳动成果以及对劳动者所创造的社会财富的充分肯定。因

---

① 习近平. 在庆祝"五一"国际劳动节暨表彰全国劳动模范和先进工作者大会上的讲话［M］. 北京：人民出版社，2015：5.
② 习近平. 在知识分子、劳动模范、青年代表座谈会上的讲话［M］. 北京：人民出版社，2016：8.
③ 习近平. 在庆祝"五一"国际劳动节暨表彰全国劳动模范和先进工作者大会上的讲话［M］. 北京：人民出版社，2015：5.
④ 习近平. 在知识分子、劳动模范、青年代表座谈会上的讲话［M］. 北京：人民出版社，2016：7－8.

此，以劳为荣、以劳为本就是要求人们都要尊重劳动者。

习近平总书记十分重视劳动者的创造性劳动，并多次强调："中华民族是勤于劳动、善于创造的民族。正是因为劳动创造，我们拥有了历史的辉煌；也正是因为劳动创造，我们拥有了今天的成就。"① 同时，高校劳动教育引导大学生能够辛勤劳动、诚实劳动和创造性劳动。全社会都要重视和支持大学生创新创业，为他们提供更有利的条件，搭建更广阔的舞台，让大学生在创新创业中焕发出更加夺目的青春光彩。因此，加强大学生创新能力的培养，普及最新的科学文化知识是高校劳动教育的重要内容。

系统梳理高校劳动教育育人观的理论逻辑，以马克思主义劳动观为基础，中国共产党历代领导人结合中国具体实际不断地将其内涵中国化，进而形成新的论述，具有深厚的理论基础，在建设社会主义现代化强国的道路上接续发展，对高校劳动教育有着重要启示。

一是大学生素质对一个国家、一个民族的发展至关重要。要求全面提高新时代大学生包括文化知识技能和职业能力素质在内的综合素质。中国特色社会主义进入新时代，社会主要矛盾已经转化为人民日益增长的美好生活需要和不平衡不充分的发展之间的矛盾。大学生只有不断提高自身素质，从而实现全面建设社会主义现代化强国的远大理想。

二是高校要充分发挥大学生在全面建设社会主义现代化强国的主力军作用，要引导大学生增强志气、骨气、底气，勇立时代潮头，争做时代先锋，用勤劳的双手创造幸福生活，靠奋斗改变命运。

三是国家要强盛、要复兴，就一定要大力发展科学技术和培养人才，而这些都需要一大批有知识、有能力的高素质大学生来完成。

---

① 习近平. 在庆祝"五一"国际劳动节暨表彰全国劳动模范和先进工作者大会上的讲话 ［M］. 北京：人民出版社，2015：4.

第三节　新时代高校劳动教育育人的内容与特征

　　劳动教育是国家教育方针的重要内容，是大中小学的重要课程。党的十八大以来，党和国家高度重视劳动教育。劳动教育具有丰富的内涵、鲜明的特征和深远的影响，高校需要深刻把握劳动教育的内涵和特征，厘清劳动教育与其他教育之间的关系，明晰劳动教育在高校育人中发挥的作用。高校只有在深刻把握劳动教育内涵的基础上，才能更好地推进劳动教育不断发展，并为构建德智体美劳全面培养的高校教育体系奠定坚实基础。

一、新时代高校劳动教育的概念

　　劳字，象形文字为两个火加一个心，造字的本义为过度操心，心忧如焚。篆文意为在家中劳动，并以力心，强调体力活动的艰辛。动（動），象形文字形如被刺瞎眼睛的男奴加一个大包袱，表示男奴负重驮物。篆文中"重"意为包袱加力，强调使用体力。造字的本义为使用体力，负重劳作。《说文解字》中"动"意为起身做事，字形采用力作偏旁，采用重作声旁。古文写法的"动"，采用"辵"作偏旁。《现代汉语词典》对劳动的解释：一是人类创造物质或精神财富的活动，二是专指体力劳动，三是进行体力劳动[①]。劳动是人类使用工具改造自然物，使之满足自身需要的目的性活动。

　　在中国古代虽然没有明确出现劳动教育一词，但劳动教育早在中国的耕读文化中就得以充分体现。白天从事农业劳动和晚上挑灯读书相结

---

　　① 　中国社会科学院语言研究所词典编辑室. 现代汉语词典［M］. 7 版. 北京：商务印书馆，2016：780.

合的耕读文化，与实践和学习相统一的劳动教育在一定程度上是不谋而合的。近代以来，中国著名思想家陶行知、黄炎培等高度肯定劳动教育的地位与作用，对劳动教育的理论和实践进行了深入探讨。黄炎培始终将尊重劳动放在职业教育的首位，认为积极劳动有利于引导学生手脑并用，进而加强专注力、培养钻研精神。而陶行知的生活教育理论对劳动教育的内涵及载体进行了丰富和拓展，证明了劳动是联系知识和生活的纽带。可以看出，劳动教育不仅促进大学生劳动智慧、创新思维和创造能力的发展，而且还能培养大学生树立正确的劳动观，促使他们不断成为拥有自由个性且全面发展的人。

劳动教育内涵丰富，在不同时期、不同阶段有着不同的概念。马克思认为："劳动首先是人和自然之间的过程，是人以自身的活动来中介、调整和控制人和自然之间的物质变换的过程。"[1] 马克思对劳动的定义，主要强调劳动是人的本质，是人的自我实现。在中国革命、建设、改革的不同时期，劳动有着具体的内涵。

高校劳动教育是以培养大学生劳动意识和劳动能力为根本目的，以提升大学生的劳动素养和综合素质为根本任务的教育活动。劳动教育是中国特色社会主义教育体系的重要组成部分，是高校教育教学不可或缺的重要环节，是培养德智体美劳全面发展人才的重要途径，更是培养担当民族复兴大任的时代新人的必然要求。2020 年 11 月 24 日，习近平总书记在全国劳动模范和先进工作者表彰大会上的讲话中强调："把劳动教育纳入人才培养全过程，贯通大中小学各学段和家庭、学校、社会各方面，教育引导青少年树立以辛勤劳动为荣、以好逸恶劳为耻的劳动观，培养一代又一代热爱劳动、勤于劳动、善于劳动的高素质劳动者。"[2] 可见，劳动教育本质就是为了培养大学生担当民族复兴大任、以实现中华民族伟大复兴为己任的意识。

---

[1] 中共中央马克思恩格斯列宁斯大林著作编译局. 马克思恩格斯选集：第 2 卷 [M]. 北京：人民出版社，2012：169.

[2] 习近平. 在全国劳动模范和先进工作者表彰大会上的讲话 [M]. 北京：人民出版社，2020：5—6.

高校劳动教育是培养大学生全面发展的重要途径，也是教育体系的重要内容，更是社会主义先进文化的重要组成部分。高校劳动教育不仅要教会大学生基本劳动技能、独立生活技能，培养他们良好的劳动习惯，还要帮助他们树立正确的劳动观、就业观，提高职业素养。劳动教育是一种养成教育，通过日常生活中的一些具体事情培养人的良好习惯。养成教育强调在日常生活中培养人对美好生活的向往和追求，并将其与道德修养、品德养成、行为规范、思想作风、知识技能等方面相结合。在高校劳动教育中，养成教育既是重要内容也是重要途径，其主要内容包括让大学生养成正确的劳动观，掌握基本的生活技能，形成良好的行为习惯，具备一定的生存技能等。因此，高校劳动教育不仅是大学生全面发展和健康成长的重要途径，也是他们走向社会、建设社会，成为德智体美劳全面发展的社会主义事业建设者和接班人的重要途径。《大中小学劳动教育指导纲要（试行）》对劳动教育的特征做出了具体的规定，明确指出劳动教育是发挥劳动的育人功能，对学生进行热爱劳动、热爱劳动人民的教育活动。真正的劳动教育需要同时动手动脑，是身体上的劳动与精神上的劳动相联系的过程，这也意味着劳动具有双重属性，既是一种谋生活动，又是"解放自然万物与人自身的自由活动"[①]。

劳动教育具有树德、增智、强体、育美的综合育人价值。高校劳动教育重点是在系统的文化知识学习之外，有目的、有计划地组织大学生参加日常生活劳动、生产劳动和服务性劳动，让他们动手实践，出力流汗，接受锻炼、磨炼意志，强调通过劳动实践锻炼，全面提高大学生的综合素质。习近平总书记强调："人民创造历史，劳动开创未来。"[②] 劳动是推动人类社会进步的根本力量，是一切成功的必经之路，创造美好生活根本上离不开辛勤、诚实、创造性的劳动和劳动者。

随着劳动形态的迭代发展，劳动的内涵越来越丰富，呈现出创造

---

① 尤西林. 阐释并守护世界意义的人：人文知识分子的起源及其使命 [M]. 西安：陕西人民出版社，2006：64.
② 习近平. 习近平谈治国理政：第1卷 [M]. 北京：外文出版社，2018：44.

性、人文性、教育性的多维表现。随着中国科学技术的快速发展，出现了以数字劳动、智能劳动、共享劳动为代表的新型劳动形态，使得劳动形式突破了基于体力消耗的物质生产劳动范畴，生产劳动中的体力成分大大减少，创造物质财富的功能被淡化，而科技创新等脑力劳动的运用不断提高。人的服务性、复合性、创造性劳动的重要价值和功能不断凸显。劳动长期以来被视为促进经济社会发展的手段，具有外在的社会价值和经济价值。

高校劳动教育的本质是指以马克思主义劳动观为指导，以劳动实践为基础，通过对大学生进行劳动教育，使他们在学习和运用马克思主义劳动观的过程中掌握基本的劳动知识和技能、树立正确的劳动观、养成良好的劳动习惯和品质。从主体来看，高校劳动教育是指以高校教师为主导、大学生为主体、家庭为基础、学校为基地、社会为依托、管理制度为保障，在学校日常管理中开展的一种以提升大学生综合素质为根本目的的教育活动。加强马克思主义劳动观和劳动科学教育，让大学生全面认识劳动的本质属性、劳动的多维价值、社会主义社会的劳动观念。劳动教育不仅仅是实践锻炼、出力流汗，还要引导大学生懂劳动，明劳动之理、知劳动之美，由衷地理解和认可劳动的重要价值。

二、新时代高校劳动教育的内容

劳动教育是中国特色社会主义教育制度的重要内容。高校劳动教育的实施既要根据国家对人才培养的新要求，又要根据不同专业大学生统筹安排劳动教育时间，强调实践养成，在日常生活实践中发挥潜移默化的作用。此外，高校要突出劳模精神和工匠精神，引导大学生树立正确的世界观、人生观和价值观，要培养他们热爱劳动的思想感情，促进其养成良好劳动习惯和品质。高校劳动教育重点要加强职业技术教育和技能训练，培养有理想有本领有担当的新时代大学生。

新时代高校劳动教育要引导大学生珍惜劳动成果，崇尚劳动光荣。《关于全面加强新时代大中小学劳动教育的意见》指出："劳动教育是中国特色社会主义教育制度的重要内容，直接决定社会主义建设者和接班人的劳动精神面貌、劳动价值取向和劳动技能水平。"① 劳动教育不仅仅是课堂教学的组成部分，更应该融入高校生活、家庭生活及社会生活之中。高校要以马克思主义劳动观为指导，以全面培养大学生必备品格和关键能力为目标，以提升大学生创新创业素养为重点，将劳动教育全面融入高校、家庭、社会各方面之中。在课程开设方面，高校应将劳动教育贯穿大学不同学段及不同专业学生的实践课程体系之中。在实践活动方面，高校应注重开发传统节日和重大纪念日中的劳动文化资源和新时代劳动精神。在评价方式上，高校要把课程表现和学习结果纳入大学生综合素质评价体系和教师评优评先工作。让大学生真正体会到成果是靠自己劳动换来的，才能真正理解劳动光荣、珍惜劳动成果、尊重辛勤劳动者。

新时代高校劳动教育要让大学生积极参与社会服务，提升社会责任意识。劳动是人类特有的创造活动，是人类生存、生活的重要内容，培养大学生社会责任感是新时代高校劳动教育的目标之一。大学生只有积极参与社会生产活动，才能在社会生活中体验到自身所承担的责任和义务。新时代高校劳动教育要将培育大学生健康的劳动观以及培育他们积极向上的人生态度、高尚的劳动品质和良好的职业道德作为重要内容。

具体来说，高校劳动教育需要在教学过程中渗透学贵有疑，知疑是行之始，疑则思，思则行，不行不学，即学即思等基本教育理念。同时，结合高校开展的各项志愿服务活动和社会公益活动进行教育引导，让大学生在奉献中收获满足感、幸福感、成就感等，进而培养大学生服务社会的意识和责任担当。

高校劳动教育作为集体劳动，具有社会性和集体性的特点，通过集体劳动，可以实现个人与社会的良性互动。志愿服务是一种自愿参与、无偿奉献的活动，是为社会提供帮助和服务的活动，它具有公益性和社

---

① 中共中央国务院关于全面加强新时代大中小学劳动教育的意见[EB/OL].（2020－03－20）[2023－02－27]. http://www.moe.gov.cn/jyb_xxgk/moe_1777/moe_1778/202003/t20200326_435127.html.

会性。因此，对大学生进行集体劳动教育，既可以使他们树立正确的世界观、人生观和价值观，又可以培养他们的良好品德。开展集体劳动教育就是让大学生通过参加一些简单的体力劳动来锻炼自己，从而做到强身健体、放松身心。

2017年10月1日，习近平总书记在中国共产党第十九次全国代表大会上指出："要全面贯彻党的教育方针，落实立德树人根本任务，发展素质教育，推进教育公平，培养德智体美全面发展的社会主义建设者和接班人。"①《关于全面加强新时代大中小学劳动教育的意见》强调，劳动教育是中国特色社会主义学校的一门必修课，与德育、智育、体育、美育相融合，与社会实践相结合。新时代高校劳动教育不仅要培养大学生具有良好的身体素质和心理素质，而且要培养他们良好的思想道德素质和精神素质。

德是人之根本，以劳树德、以劳为乐就是对劳动的正确认识。中国共产党历来重视培养有理想、有纪律的社会主义新人，坚持把立德树人作为教育的根本任务。新时代高校劳动教育要发挥好劳动育人的价值导向功能，培养大学生树立正确劳动观和良好道德品质。劳动育人过程中要引导大学生正确理解崇尚劳动、热爱劳动的深刻内涵和重要意义，通过以劳树德，切实加强社会主义核心价值观教育，将社会主义核心价值观融入具体实践活动中。在高校全方位、全过程中培养大学生爱党爱国爱人民爱社会主义的情怀，锻造大学生吃苦耐劳精神和坚强意志品质。

新时代高校劳动教育的目标在于提高大学生的劳动知识和劳动技能，使他们获得劳动技能的提升、实践能力的增强和创新能力的发展。对于大学生而言，加强劳动知识和技能，就是要在满足他们自身需要的基础上，鼓励他们根据自己的兴趣爱好或社会需求，对科学知识、专业技能等进行自主选择；鼓励他们根据自身所学专业、所从事职业、所具备能力等情况，选择合适自己的职业。对高校教师而言，引导大学生掌

---

① 习近平. 决胜全面建成小康社会 夺取新时代中国特色社会主义伟大胜利——在中国共产党第十九次全国代表大会上的报告 [M]. 北京：人民出版社，2017：45.

握基本劳动知识和技能，就是要帮助大学生养成良好的学习习惯和端正其学习态度；指导大学生正确选择学习内容是保证以劳增智教育目标得以实现的前提条件。

新时代高校劳动教育还包含健康的内容。其一，高校劳动教育对大学生身心的健康发展具有重要作用。大学生可以在劳动中强身健体，增强身体素质。其二，高校劳动教育可以促使大学生养成吃苦耐劳、艰苦奋斗等优良品质，培养大学生积极乐观的生活态度。其三，高校劳动教育对大学生动手能力和创新能力的提高具有重要作用。要使大学生真正理解所学知识和技能，必须通过实际操作来获得、巩固和应用，在操作过程中不断地发现和解决问题。

高校要将劳动教育纳入人才培养全过程，设立劳动周或劳动课，这些都是基于大学生健康成长提出的新要求。一方面，大学生通过劳动教育能够获得全面发展所需的知识和技能。另一方面，大学生在参与劳动过程中能够更好地理解社会主义核心价值观以及树立正确的世界观、人生观和价值观，总之，只有以劳促创、以劳促学才能有效提升大学生思想道德素质、科学文化素质和健康素质等多方面能力，从而促进其全面发展，也只有这样才能真正实现以劳促创和以劳促学的有机统一。

三、新时代高校劳动教育的特征

《关于全面加强新时代大中小学劳动教育的意见》强调，在大中小学设立劳动教育必修课程，从学科课程中融入劳动教育内容，并纳入教师培训和学生测评。将学生参加劳动实践情况作为综合素质评价的重要内容，把劳动实践活动作为评价学生全面发展情况的重要指标。高校要把劳动教育摆在重要位置，构建德智体美劳全面发展的人才培养体系。高校要加强大学生思想道德建设，强化大学生社会主义核心价值观培育，以大学生劳动意识和创新意识培养为重点，激发他们热爱祖国、热爱劳动的情感。

《大中小学劳动教育指导纲要（试行）》强调，劳动教育具有显著的实践性，能够引导学生以动手实践的方式，在认识世界的基础上，获得有积极意义的价值体验，达到树德、增智、强体、育美的目的。新时代高校劳动教育要以习近平新时代中国特色社会主义思想为指导，牢牢把握培养担当民族复兴大任时代新人这一根本任务，体现了全面贯彻党的教育方针、坚持社会主义办学方向的根本要求，体现了与习近平总书记关于教育重要论述、对社会主义建设规律认识和中国共产党革命实践经验的有机统一。《关于全面加强新时代大中小学劳动教育的意见》将劳动教育目标总结为"三个结合"。一是将劳动教育与社会主义核心价值观教育相结合，二是将劳动教育与学生道德修养、人格养成、身心发展相结合，三是将劳动教育与学校课程教学、课外文化活动以及其他社会实践活动相结合。《大中小学劳动教育指导纲要（试行）》使得新时代高校劳动教育课程建设有了总体规范，也有了更具体的指导。《大中小学劳动教育指导纲要（试行）》将大学生作为主体，以教师和学生之间的互动交流为主要方式，使大学生在互动过程中体会和领悟劳动教育的意义。同时，高校可以组织大学生开展各种形式的劳动，使其在参与过程中实现自身价值。高校可以通过劳动实践体验，增强大学生对劳动的理解与感悟。高校也可以通过开展课外实践活动和研究性学习等方式帮助大学生将理论知识转化为实践技能。

新时代高校劳动教育具有鲜明的思想性。马克思认为人类社会美好未来一定是以人的全面发展为前提的。高校劳动教育培养大学生正确的劳动观、积极的劳动态度，使其树立起正确的世界观、人生观和价值观，提升综合素质，从而全面发展。高校劳动教育是促进大学生全面发展的重要途径，大学生正处于从知识本位向能力本位转变的过程中，必须重视培养他们独立解决问题、自主学习、创造性工作、创业创新等方面的能力和素质。同时，高校劳动教育要注重发挥大学生自我教育、自我监督和自我发展等方面的作用。要明确各高校开展的不同类型劳动教育，如创新创业劳动教育、生产服务劳动教育等，通过劳动实践培养大学生独立自主解决问题的能力，学会将所学知识转化为实际生产力，养成吃苦耐劳的优秀品质以及无私奉献精神。

新时代高校劳动教育具有突出的自主性。大学生具有自主意识和自主性的特质，自主意识是人对自我存在的认知、理解和把握，自主意识决定人对世界的看法和态度，以及对外部世界进行改造的方式和方法。自主性是一种内在的能力，与主体性、创造性、能动性等具有密切的联系。高校劳动教育要尊重大学生个性发展，引导大学生自主开展劳动教育活动，调动和发挥其自主性。

新时代高校劳动教育具有鲜明的创造性，既要传承劳动创造历史的主体精神，又要传承创造性劳动的教育理念。高校要坚持以创造性劳动教育为导向，立足现实、面向未来，以培养大学生具备创新能力、创造能力为目标，以培养大学生动手实践能力为重点，培养大学生创新意识和创新能力。在创新过程中要让大学生充分发挥主观能动性，鼓励他们在劳动中发现问题、提出问题，并通过动手解决问题来促进自身创造性发展。高校要加强对大学生创新能力和实践能力的培养，使之成为具有发现问题、分析问题和解决问题能力的创新型人才。

新时代高校劳动教育还具有系统性特征，是一种内容完整、体系完善、多方面综合的素质教育，不能只停留在理论层面或者只限于某个方面的教育。劳动教育是一个具有一定结构体系和逻辑关系的整体。在实践中，要充分发挥高校教育、社会教育以及家庭教育的积极作用。同时，还应将高校劳动教育与思想政治教育以及德育、智育等其他素质教育结合起来，并将其贯穿于大学生培养的全过程。新时代高校劳动教育是一种全程性、全方位的系统素质教育，既包含物质层面和技术层面的生产劳动实践活动，也包括精神层面和文化层面的精神生产活动；既涵盖普通劳动者，也包括专业技术人员以及管理人员的职业活动；既涵盖体力劳动，又包括脑力体力相结合的实践活动；既包括以创造为目标的生产项目式学习和探究式学习等具体项目，又包括以获取知识、增长能力为目标的主题式项目。同时，新时代高校劳动教育是一种系统综合的育人实践活动，在其展开过程中充分尊重大学生身心发展特点以及社会对人才培养提出的新要求。

新时代高校劳动教育是贯穿学校、家庭、社会各方面的系统性教育工程，在具体的实施过程中，以高校教育为主，统筹协调家庭、社会各方的教育资源，形成教育合力。其中，家庭是劳动教育的基础力量，通过日常性的家务劳动，培养劳动习惯。高校是劳动教育的主要阵地，通过劳动教育课程和具体的劳动实践，提升劳动素养，培养劳动技能。社会是劳动教育的支持保障，通过开放劳动场所、增加劳动体验等为高校劳动教育提供支持。高校、家庭、社会相互补充，合力引导大学生参加日常生活劳动、生产劳动和服务性劳动，从而形成协调一致的劳动育人系统。新时代高校劳动教育是以劳动课程教育为基础，贯穿于高校人才培养的全部环节，融入高校立德树人、教学科研的方方面面，与大学生的思想政治教育、专业教育、实习实训、创新创业教育、职业生涯规划与就业指导、社会实践、校园文化和志愿服务等有机融合。

第二章 高校劳动教育育人模式 构建的价值逻辑

劳动教育是国家实施素质教育的重要内容，也是培养大学生劳动观念、劳动能力和养成劳动习惯的重要途径。要加强和改进新时代高校劳动教育工作，推动落实立德树人根本任务，促进大学生养成良好的思想品德和健全的人格。随着党和国家越来越重视劳动教育，并相继出台了一系列方针政策，我们更有必要分析高校劳动教育的现状，强调其重要性与必要性。

第一节 劳动教育是高校教育发展之基

高校劳动教育是全面发展教育体系的重要内容之一。它以体力劳动和脑力劳动相结合为基本特征，以提高大学生综合素质为根本目的，对大学生进行热爱劳动、热爱生产建设事业和建设社会主义的基本教育，培养大学生社会主义觉悟和吃苦耐劳、爱岗敬业等优良品质。习近平总书记曾说："青少年阶段是人生的'拔节孕穗期'，最需要精心引导和栽培"[1]，劳动教育作为推动社会发展的重要组成部分，其重要性不言而喻。劳动教育与立德树人有着必然联系，高等教育阶段是大学生成长

---

[1] 习近平. 习近平谈治国理政：第3卷［M］. 北京：外文出版社，2020：329.

的关键时期，也是德智体美劳全面发展的黄金阶段。高校师生要立足于社会实践，进行自我调整、自我完善。

一、劳动教育现状

劳动教育既包括日常生活中的劳动教育，也包括生产劳动过程中的劳动教育。高校应全面加强和改进新时代高校劳动教育，培养大学生热爱劳动、尊重劳动者的光荣传统，为培养担当民族复兴大任的新时代大学生奠定坚实基础。但是在实际操作中，有的高校存在重智轻劳、重术轻德等现象；有的高校将劳动理解为体力活和简单脑力劳动；有的高校把大学生参加生产或公益活动等同于参加义务劳动；有的高校将劳技课、综合实践活动课程与生产实际和社会实践相脱节，不重视或不安排大学生参加生产劳动和公益活动。

劳动教育是新时代高等教育的重要内容，也是贯彻党的教育方针、落实立德树人根本任务的重要途径。《关于全面加强新时代大中小学劳动教育的意见》为加强新时代高校劳动教育指明了方向。近几年来，各高校在劳动教育方面进行了积极的实践和探索，积累了一定的经验，但也存在一些问题和不足，亟须进一步优化完善。下文结合劳动教育实施现状，就高校劳动教育存在的问题进行探讨。

高校劳动教育的政策保障还有待完善，缺乏相关的社会服务机构作为辅助支撑。当前，高校劳动教育的经费投入不足、师资力量薄弱等问题仍较突出。比如在课程设置上，高校普遍注重开设通用技术、现代服务业等劳动技能课，但忽视了劳动教育的多样性和实践性。此外，除了一些高校没有设置专门的劳动教育课程，部分高校还存在重理论、轻实践，重课堂、轻基地，重引进、轻本土等问题，导致劳动教育难以有效实施。在劳动教育课程设置方面，一些高校虽然制定了相应的文件、标准规范，但在具体落实过程中存在不同程度的问题。比如，在劳动教育实践方面的设置上较为笼统、并未细化，在劳动教育课程教学中仅有部分专业有针对性地开设了劳动教育课程和实践基地课程。

据调查，部分高校从"双一流"建设院校的角度出发，为保证劳动教育的实施效果和质量，在组织教师到校外实践基地开展实习、参观与考察等活动时，都会安排有较强实践能力的教师负责相关课程。但在具体运行过程中，部分高校存在将理论课程和实践环节混同、把社会资源和校内资源割裂开来等现象，导致劳动教育实效大打折扣，且大多高校没有相应的专业社会服务机构作为支撑。

因此，应进一步完善高校劳动教育政策保障体系。一方面可将《关于全面加强新时代大中小学劳动教育的意见》中关于劳动教育的要求进行细化、具体化，另一方面可建立和完善校外基地建设制度、教师指导制度等配套保障制度。同时结合新时代大学生的特点，对一些新兴行业和产业进行调查研究，探索其实践标准及操作规范，并建立和完善相应社会服务机构作为高校劳动教育的辅助支撑。

高校劳动教育存在教学与社会实践脱节，劳动实践场所缺乏维护的问题。受应试教育体制和高校办学经费的影响，部分高校对劳动教育认识不足，没有将劳动教育纳入教学计划，没有建立专门的劳动教育课程，也没有编写相应的教材，劳动教育与社会实践脱节。生活即教育，高校日常生活不只有学习，还包括各种劳动。可是随着智能化不断发展，家庭经济的不断向好，劳动教育在部分高校显得无足轻重。应试教育使大学生脱离了生活，也让高校脱离了现实。高校开设劳动课程的数量有限，且缺乏专业师资。如广州某高校的劳动教育仅开设了职业规划指导一门课程，而本校的专业老师多为行政管理人员，缺乏劳动教育方面的专业知识。同时，多数高校将劳动教育仅定位在德育类课程和专业技能类课程上，而忽视了劳动教育与其他学科以及社会实践的融合。这就导致高校劳动教育往往流于形式，不能充分发挥其综合育人作用，使得大学生普遍缺乏动手实践能力和创新精神。

虽然近年来高校劳动教育活动的场地建设有了较大发展，但大部分高校仍然使用学生宿舍或实验室等有限的场地。同时，由于缺乏长期的维护和管理，大量设施损坏甚至消失。此外，高校在开展劳动教育过程中缺乏评估标准，没有对大学生参与活动情况进行量化考核和记录。这些因素都导致部分大学生参与劳动教育活动的积极性不高。

高校劳动教育缺少评估体系，无法考核大学生参与劳动教育活动情况。高校劳动教育缺少科学合理的评估体系，缺少科学、规范的考评体系。很多高校都是在劳动教育课程结束后进行考核，由于缺少有效的考评体系，教师只重视考核大学生是否完成了教学计划中规定的课程，而不会去思考他们在课堂上的表现如何。这种考核方式只是"一考定终身"，难以从根本上提高大学生对劳动教育课程的重视程度。同时，由于劳动教育课程没有在教学中得到应有的重视和落实，很多高校都是将其作为选修课或通识教育课来开设，大学生学习积极性不高。所以，对大学生参与劳动教育活动情况进行量化考核和记录显得尤为重要。

高校劳动教育教师队伍建设滞后、薄弱，部分教师的职业素养不高。高校教师是教育活动的主要组织者，高校劳动教育的目标、内容和实施途径等都需要由教师来完成，在实践中，劳动教育很大程度上依赖于教师。目前，高校劳动教育仍存在师资力量不足、师资队伍结构不合理等问题。从整体来看，高校劳动教育教师多数为兼职，少部分为专职，存在专职劳动教育的教师数量明显不足的现象。从专职劳动教育教师构成来看，他们大多从事本专业教学工作，缺少实践经验和丰富的教学研究经历。从现实来看，部分高校甚至没有专业的劳动教育课程教师，大部分高校劳动教育师资力量主要来源于高校本身的教师队伍以及每年高校的应届毕业生或社会招聘。虽然近年来各个高校在劳动教育方面开展了大量探索，但与当前大学生的实际需要还有很大差距。

不少大学生尚未形成正确的劳动观，劳动观念薄弱。有的大学生对劳动教育的重要性认识不足，出现重学业轻劳动、重学历轻技能等现象。由于受到社会多元价值观的影响，部分大学生在面对社会上所谓的成功学、拜金主义等错误思潮时，缺乏辨别能力，极易受到错误思潮的误导，出现高消费、好逸恶劳等价值观。这就要求高校在开展劳动教育时，要充分发挥榜样力量，引导大学生树立正确的劳动观。

目前，部分高校劳动教育主要以体力劳动为主，比如在军训期间提供给大学生必要的体力劳动。但同时也要注重开发脑力劳动，比如组织大学生参加学术讲座、学术论坛等相关活动。这些活动不仅能提高大学生的专业技能，还能锻炼他们的意志力和创造力。但由于部分高校开展活动缺乏规范性和专业性，往往存在形式大于内容、资源浪费等现象，因此，高校还应结合自身特点制定一套切实可行的活动方案，使大学生通过参与活动收获成长和进步。高校要根据大学生的心理需求和实际需要，推动实践活动的开展、完善劳动教育体系、丰富劳动教育形式，让劳动得到普遍接受，进一步激发大学生参与劳动实践的内在热情和内生动力。

此外，目前缺乏针对高校劳动教育的研究和指导机构，因此很难确保高校有针对性地解决在劳动教育过程中出现的问题。在具体实践中，多数高校对劳动教育重视不够、理解不深，进而导致效果不佳。因此构建高素质的劳动教育师资队伍是提升高校劳动教育水平和效果的重要途径。高校要树立科学的师资队伍建设理念，制订科学合理的培养规划；加强对一线教师尤其是青年教师日常教学、管理和研究等方面进行有针对性的培训和指导；建立科学的考评机制和激励机制，强化劳动教育师资队伍建设；通过各种途径和方法提升高校教师实施劳动教育的积极性和主动性。

二、劳动教育的重要性

近年来，在中央和地方政府出台的文件中，劳动教育在人才培养中所占的比重越来越大。《关于全面加强新时代大中小学劳动教育的意见》提出劳动教育是中国特色社会主义教育制度的重要内容，事关培养社会主义建设者和接班人的总目标，事关全面发展人才培养体系，事关巩固党的执政基础和国家长治久安。由此可见，高校劳动教育意义重大，是大学生实现德智体美劳全面发展的重要载体与途径。

高校劳动教育能培养大学生劳动认知和劳动创新的能力。劳动教育作为中国特色社会主义教育制度的重要内容，在很大程度上决定着大学生劳动认知、劳动能力和劳动创新的发展。

首先，高校劳动教育可以让大学生了解劳动的本质、目的和意义，让其对劳动有一个正确的认知。让大学生知道劳动是人类最基本的社会活动之一，是人类社会得以生存与发展的基本条件。大学生通过对劳动本质、目的和意义的理解，能够坚定共产主义信念，树立正确的世界观、人生观和价值观。高校通过对马克思主义劳动观、社会主义核心价值观、集体主义价值观、职业道德和职业精神等基本概念的教育，可让大学生理解劳有所得、劳有厚得、劳有幸福等人生价值。

其次，高校劳动教育可以培养大学生良好的劳动习惯与素养。大学生通过高校提供的系列劳动课与实践活动，养成良好的劳动习惯与素养，从而不断提高自身的综合能力。这主要体现在大学生能够养成热爱劳动、尊重劳动和积极参加社会实践活动等良好行为习惯，能够养成勤俭节约、艰苦奋斗、团结合作等良好品质，能够养成热爱学习、勤奋钻研、勇于创新等良好习惯。此外，高校劳动教育还能够促进大学生身体健康和心理健康发展。

高校是知识创新和技术创新的重要基地，是为国家培养高素质劳动者和专门人才的重要场所。高校与企业相比，其组织形式更灵活、教育方式更多样，很多创新成果都通过社会实践形成。因此，高校通过开展劳动教育课与实践活动，可以为大学生提供创造知识和创新技术、工艺和方法等契机，引导大学生学会运用知识、技能和方法去创造知识和工艺，从而培养他们创造发明和技术创新等方面的能力。同时，高校还可以通过开展大学生科技创新创业竞赛或研究项目等方式来提高大学生的创新思维与能力。

综上可知，高校开展劳动教育课与实践活动，能够培养大学生良好的劳动认知、劳动习惯与劳动素养，培养他们勇于创新等方面的能力。高校通过开展劳动教育课与实践活动，还可以提升大学生身体素质和心理健康水平，提升教师教学能力、教学水平及科研能力等。

高校劳动教育培养大学生正确的劳动观，有助于端正他们的劳动态度。劳动是人类生存和发展的最基本条件，也是人类社会的客观需要。劳动是促进人自由全面发展的必由之路，也是创造幸福生活、实现美好理想的根本途径。随着生产力水平的提高和社会文明程度的提高，劳动已经成为一种独立的、有价值的活动形式和活动方式。高校劳动教育可以培养大学生形成正确的劳动观，让他们懂得劳动创造价值、劳动光荣、劳动者伟大和尊重劳动者等道理，而且劳动教育可以使大学生进一步明确自己肩负的使命与责任。在新的发展阶段下，社会转型、经济发展、科技进步、思想观念多元化等条件对大学生产生了一定程度的影响，同时也对他们的价值观提出了新要求。高校劳动教育可以帮助大学生树立正确的劳动观，从而引导他们形成正确且稳定的价值取向，培养当代大学生积极进取、勇于创新、敬业奉献、追求卓越等高尚情操。劳动教育是培育社会主义核心价值观在实践中的生动体现，可以帮助大学生树立热爱劳动、尊重劳动者、崇尚劳动创造的正确价值观。

高校劳动教育培养大学生综合劳动素养，有利于他们了解人与社会的关系。马克思指出："就是生产劳动同智育和体育相结合，它不仅是提高社会生产的一种方法，而且是造就全面发展的人的唯一方法。"[①] 劳动教育就是要通过劳动的方式，对大学生进行劳动技能教育，让大学生掌握一定的劳动技能。《关于全面加强新时代大中小学劳动教育的意见》提出教育大学生崇尚劳动、尊重劳动，懂得劳动最光荣、最美丽的道理。习近平总书记在 2018 年全国教育大会上强调："要努力构建德智体美劳全面培养的教育体系，形成更高水平的人才培养体系。"[②] 这说明大学生需要内外兼修，实现德智体美劳全面发展。

此外，随着经济社会的不断发展和科学技术的不断进步，大学生也将面临越来越多新的情况。在这个过程中，高校应该注意到这种变化可能会对大学生的知识结构和能力结构产生一定程度的冲击，需要通过劳动教育来应对这种情况，教育大学生主动地利用现代教育技术手段去学习新知识、新工艺，并把这些内容融入原有的知识体系中去。劳动教育

---

① 中共中央马克思恩格斯列宁斯大林著作编译局. 马克思恩格斯选集：第 2 卷 [M]. 北京：人民出版社，2012：230.

② 中共中央党史和文献研究院. 十九大以来重要文献选编：上 [G]. 北京：中央文献出版社，2019：653.

不仅能够满足大学生对新知识新技术的需求，还能让他们在不断地实践中培养综合劳动素养，从而有效提升自身创新能力和创造能力。

高校劳动教育培养大学生奉献情怀和服务意识，有益于服务社会、服务他人。在现代社会中，无论是科技创新还是社会公益活动，都离不开劳动者的劳动与奉献。高校劳动教育让大学生了解和认识到在社会主义经济建设和发展中劳动者的重要地位，了解到自身所承担的历史重任，有利于培养大学生的奉献情怀和服务意识。同时，让大学生更多地参与到志愿服务中去，有利于提高其劳动素养、促进其身心健康。

大学生属于特殊群体，受家庭影响较大，生活、学习相对独立而自由，缺乏对社会现实生活的深刻理解和切身体验。高校劳动教育不仅要引导大学生树立正确的世界观、人生观和价值观，还要引导他们参与到社会公益活动中去。高校应该主动搭建平台、积极拓展渠道，让大学生参与到社会公益事业中去，这样不仅可以培养他们的服务意识和奉献情怀，而且可以让大学生更多地了解社会生活和人生百态，在实践活动中提升劳动素养、开阔视野、增长知识、提高能力。大学生通过参与社会公益事业，提高思想觉悟，实现人生价值。

三、劳动教育的必要性

高等教育人才培养过程中，存在着长于智、疏于德、弱于体美、缺于劳的现象。高等教育改革发展始终在回答为谁培养人、培养什么人和如何培养人的问题，这一回答具有强烈的时代意识，并具有持久的生命力。培养德才兼备的高层次人才是高校的历史使命和根本职能，也是高校区别于其他社会组织的本质特征，是高校安身立命之本、生存发展之基。随着高等教育和社会经济的发展，高校的功能不断拓展，承载着人才培养、科学研究、社会服务和文化传承的使命。无论高校如何发展，无论社会经济环境如何变化，劳动教育是实现大学生全面发展的必要条件。

新时代高校劳动教育是指以习近平新时代中国特色社会主义思想为

指导，以立德树人为根本任务，以培育和践行社会主义核心价值观为核心，以培养大学生独立人格、社会责任感、创新精神和实践能力为目标，加强对大学生进行劳动意识、劳动精神和劳动品质的养成，通过高校劳动教育和社会劳动教育两个方面开展的一种育人活动。在这个过程中注重培养大学生养成正确的劳动观、积极的劳动态度和良好的劳动习惯，使大学生理解和认同一切靠自己的辛勤劳作来创造这一理念。

新时代赋予高校劳动育人、劳动创新的时代使命，培育担当民族复兴大任的新时代大学生是必然要求。高校作为国家培养高素质人才的摇篮，担负着培养德智体美劳全面发展的社会主义建设者和接班人这一时代重任，是立德树人、"五育并举"不可或缺的重要部分，而"五育"中的劳动教育在学生的成长过程中扮演着重要角色，高校应该充分发挥劳动育人功能。

新时代以来，中国社会主要矛盾已经转化为人民日益增长的美好生活需要和不平衡不充分的发展之间的矛盾。这就要求高校在人才培养上不仅要关注大学生专业知识和技能水平，更要重视他们劳动素质和能力水平的提升。《关于全面加强新时代大中小学劳动教育的意见》对高校提出了三点要求：一是统筹协调，构建德智体美劳全面培养的教育体系；二是明确内容，注重实践体验，让学生体验到劳动之美；三是家校合作，合力育人。这三点要求从根本上将高校劳动教育与立德树人紧密联系在一起，强调积极建立高校与家庭、社会的有效衔接机制和组织平台。

高校劳动教育是国民教育体系的重要内容，必须正确处理好五个关系。一是处理好与德智体美劳全面发展的关系，充分认识到劳动教育对培养大学生全面发展的重要作用，强化劳动教育在人才培养体系中的地位；二是处理好与劳动教学的关系，在教学方式方法上要充分利用高校校园和社会中的一切劳动资源开展劳动教育；三是处理好与专业教育的关系，在专业教育中渗透劳动教育，发挥好劳动教育的独特育人功能；四是处理好与大学生其他素质能力培养之间的关系，发挥好其他素质能力培养在大学生劳动教育中的辅助作用；五是处理好高校教育与社会教育、家庭教育以及其他相关方面育人渠道之间的关系，充分发挥高校在劳动教育中的主导作用。正确处理以上五个关系，需要把握好以下五个方面：

一是劳动理念与育人功能。劳动理念是指对人之所以为人、为什么而存在与发展等问题进行思考。马克思主义劳动观认为人本身具有劳动属性和生产属性，人只有通过自觉的生产和再生产才能实现自己的本质力量，才能成为真正意义上的人。

二是科学发展观与大学生自身发展。党和国家提出了科学发展观，不仅强调人与自然、人与人之间要和谐发展和良性互动，还特别强调以人民为中心、让人民享有更多更切实的获得感、幸福感、安全感。而高校劳动教育必须充分考虑到大学生个人全面发展的需要，在促进大学生对科学发展观认识、理解和践行等方面发挥重要作用。

三是加强学习与提高能力。《关于全面加强新时代大中小学劳动教育的意见》明确提出要在大中小学开设劳动课或以其他方式加强学生劳动知识技能学习和综合素质提升，提高学生从事生产活动以及参与社会服务等方面的能力。

四是高校教育与社会教育相结合。社会教育是指个人在一定社会中接受的各种社会性教育以及各种社会化形式。通过高校、家庭和社会教育渠道，促进大学生全面发展，成为综合素质全面提高的人才。

五是职业技术类院校劳动与其他学科类高校相结合。不同类型院校和不同学科专业的劳动内容和形式都不同，劳动教育可以使大学生在其他学科知识学习过程中能够体会到劳动者在生产生活中的重要性。

高校劳动教育有利于落实立德树人根本任务，促进大学生全面发展，落实党的教育方针、培养德智体美劳全面发展的社会主义建设者和接班人。当前社会经济高速发展，科技不断进步，生产劳动方式不断改变，在此社会环境下大学生价值取向逐渐发生了变化，一部分大学生丧失了对劳动的信仰。高校需要从思想上引导大学生对劳动有正确的认识，树立正确的劳动观。在这个过程中要注重对学生进行劳动教育。正如马克思所言："一个种的整体特性、种的类特性就在于生命活动的性质，而自由的有意识的活动恰恰就是人的类特性。"① 这种自由的有意识的活动就是劳动。劳动不仅是构成人的社会关系的重要环节，更是确证人的本质的关键所在。

学生在大学阶段除了要学习知识，更需要接受德智体美劳全面教育。大学生既是社会主义事业的建设者和接班人，也是实现中国梦的生力军，必须具有高尚的道德情操、坚强的意志品格、顽强的奋斗精神，以及艰苦奋斗、勤俭节约和爱岗敬业。高校要让大学生认识到自己所担负的历史责任和使命担当，为实现中华民族伟大复兴中国梦而奋斗终身，这也是当前中国大学生素质教育体系中不可或缺的重要内容。

高校劳动教育是大学生终身发展的基础，贯穿高校教育始终。高校劳动教育不仅要培养大学生正确的世界观和价值观，还要培养他们热爱劳动、珍惜劳动成果的正确思想观念。培养正确的世界观就是让大学生懂得什么是崇高的理想信念和崇高的精神境界，什么是正确和高尚的品德行为。高校劳动教育以培养大学生正确的人生观为导向，教育大学生热爱生活，懂得人生艰辛，才能有更好的精神状态去迎接新时代社会发展带来的新挑战。树立正确的价值观就是让大学生积极向上，热爱生活、尊重生活、珍惜生命。

第二节　劳动教育是高校教师高水平建设之要

劳动教育作为高校教育的主要内容之一，劳动最光荣不仅是一种简单的语言继承，也是一种民族文化的反映。高校可以将劳动教育与志愿服务、勤工劳动、创新创业相结合，建立一套科学有效的劳动教育评价体系，以确保教师和大学生参与劳动教育的深度和广度，实现全员劳动

---

① 中共中央马克思恩格斯列宁斯大林著作编译局. 马克思恩格斯文集：第 1 卷 [M]. 北京：人民出版社，2009：162.

教育。作为一名高校教师，更要厚植劳动情怀，在进行劳动教育时，如果大学生能够意识到自己有能力通过劳动创造更好的生活，并将其视为常态，这将是劳动教育最理想的状态。建设高水平的教师队伍是高校劳动教育必不可少的条件之一。

一、劳动教育布局需要

高校作为培养高素质人才的主要阵地，应随着时代变化更新劳动教育的观念，创新劳动教育的内容和形式，构建劳动教育体系等。弘扬中华民族的传统美德、培养劳动情绪、教育大学生热爱劳动并尊重劳动成果，已成为时代的教育主题。

高校教师是高校培养人才、发展科技和推动社会全面发展的主体。高校要完成这些任务，关键在于加强高校劳动教育教师的培养培训，建设一支高素质的教师队伍，而提高教师素质的核心是职业道德建设，也就是师德建设。一个教师如果没有良好的职业道德，就不能完成教书育人的任务，就谈不上在教学工作中对大学生进行正确的世界观、人生观和价值观教育，甚至连基本的专业教学任务都不能完成。因此，加强教师队伍建设，最基础、最根本的是师德建设，这是保证教师完成任务的前提。

2020 年中共中央、国务院发布《关于全面加强新时代大中小学劳动教育的意见》，教育部发布《大中小学劳动教育指导纲要（试行）》后，一些高校开始推动落实劳动教育工作。高校负责劳动教育的部门有多种情况：有的高校由团委负责，有的高校由学生处负责，有的高校由马克思主义学院、后勤处或教务处负责，相当于原来部门额外增加了一项劳动教育的工作，暂时没有劳动教育专职教师。也有一些高校成立了专门的劳动教育机构，比如劳动教育中心、劳动教育研究院、劳动教育学院等。有了专门的机构、专门的教师，高校劳动教育工作才有了专门的负责者，各项工作更容易做到实处、做出成效。

在高校劳动教育师资队伍建设中，要以劳动教育教师的培养培训为重要抓手，加强对教师的传、帮、带，打造一支师德高尚、专业基础扎实、教学实践能力强、教学效果良好的高素质劳动教育师资队伍。首先，高校要通过举办专题讲座、座谈会等方式对教师进行理论知识和实践教学的培训；其次，高校要加强教师实践能力，提升实践教学水平；最后，高校要加强教师劳动教育理论知识学习，通过系统学习促进教师向专业化发展。

在高校中，学科知识和实践教学能力是教师自身素质和教学效果的重要体现。因此，要通过组织教师开展专题讲座、座谈会等形式加强对教师理论知识的培养，使他们掌握基本理论知识，提升专业素养，从而能够根据所授课程特点和大学生实际情况选择合适的教学方法。同时，要加强高校教师的实践教学能力培养，通过系统学习、训练等方式提高其实践教学能力，使高校教师能够根据所授课程特点和大学生实际情况选择合适的实践方式。

在高校劳动教育课程中，教师不仅需要讲授理论知识，还需要具备一定的实践教学能力，才能更好地实现劳动教育目标。因此，在高校劳动教育教师队伍建设中，要以实践教学能力培养为重，重视培养劳动教育教师实践能力，不断提升教师的实践教学水平。高校要通过校企合作等方式为劳动教育教师提供丰富的实践教学机会，同时，高校要积极探索校企合作的新模式、新方法。校企合作是促进高校和企业共同发展的重要途径，也是高校实现人才培养目标的重要方式。高校和企业在培养人才方面具有优势互补的特点，通过校企合作等方式可以为高校提供更多的实习机会。此外，在实践教学过程中还可以充分发挥大学生的主观能动性和创造性。

完善高校劳动教育教师专业发展机制，制定符合实际的劳动教育教师评价体系。劳动教育教师作为劳动教育课程开发和实施的主体，其专业能力直接影响着劳动教育课程的质量和效果，因此，要建立健全高校劳动教育教师专业发展机制。

高校要制定和完善相关制度，为教师提供职后培训的机会，尤其要对新入职的教师进行岗前培训，增强教师劳动教育课程开发与实施的专业意识与能力。同时，要建立考核激励机制，将劳动教育教师专业发展情况作为评优评先的重要依据。高校要严格按照《高等学校劳动教育指导纲要（试行）》相关要求，将教师开展劳动教育情况纳入高校年度绩效考核指标中，作为对校级领导及部门负责人的考核依据之一。高校应根据《高等学校劳动教育指导纲要（试行）》相关要求，制定符合自身实际的劳动教育教师评价体系，为各部门开展相关工作提供参考依据。

高校应坚持全面、客观、科学、合理原则，根据不同学科或专业特点制定符合实际的劳动教育教师评价体系。首先，在思想政治课程评价中加入劳动育人方面的内容，如德育课程可设置"热爱劳动、尊敬劳动者"等相关主题。其次，要细化大学生参加社会实践活动中体现劳动育人情况的评价，如参加社区卫生服务活动、志愿者服务活动等。最后，要细化对大学生创新创业项目或论文发表情况的评价，如参加"'挑战杯'全国大学生课外学术科技作品竞赛""'挑战杯'大学生创业计划竞赛"和"中国国际'互联网＋'大学生创新创业大赛"等。此外，还可以根据各专业特点制定不同的评价标准，同时针对不同专业的大学生还可加入专业课程教学内容质量评估等。

高校劳动教育要建立科学合理的劳动教育教师评价体系。高校应完善对劳动教育课程教学效果和评价体系建设，健全对大学生参加社会实践活动情况进行评价的标准和方法。此外，要对教师实施能者上、庸者下的动态管理机制，应加强劳动教育过程性评价研究和实施，强化过程性评价在劳动教育课程体系中的运用和推广。

为了确保高校劳动教育的长远发展，需要在有条件的高校设置劳动教育相关专业，培养合格的劳动教育专业学生，毕业后作为专职教师补充到劳动教育教师队伍之中。现有高校劳动教育教师的专业素养难以满足需要。劳动教育是什么、教什么以及怎么教的问题，许多教师并不清楚。因此，许多高校劳动教育课程由做劳动变成了说劳动，大学生缺少动手实践、出力流汗的机会，达不到劳动教育应有的目的。还有的教师把劳动教育课上成了劳技课，这显然窄化了劳动教育的内涵。由于劳动教育教师主要由其他学科教师兼任，许多时候在劳动教育方面的专业素养不足，所以实际的劳动教育效果难以达到预期，进而影响了劳动教育的育人功能。

高校应建立健全的劳动教育教师考核激励机制。目前劳动教育的全面实施尚处于起步阶段，许多高校尚未形成对劳动教育教师工作量、工作内容、工作职责等方面的考核标准，对教师的考核存在随意性、不够科学等问题，教师工作积极性不高。高校教师是劳动教育课程实施的关键，教师评价问题会影响教师工作的积极性和稳定性，最终会对教师的专业发展产生影响，应引起高度重视。

高校应明确劳动教育教师的工作职责，使教师参与制定高校劳动教育实施方案。由于劳动教育不像其他学科那样拥有完备的实施体系，教师需要承担更多的工作职责。为了更好地落实劳动教育，高校需要结合自身条件制定实施方案，包括教育目标、课程开设、教学实施、基地场所、师资队伍、组织管理等，为劳动教育顺利实施提供重要保障。教师每年都要做好劳动教育工作计划和年终总结，提前设置劳动教育课程，总结和反思课程实施状况。

高校要规划、设计、实施教育活动。高校劳动教育教师要规划整个劳动教育课程体系，设计具体的教学活动和环节，带领大学生体验劳动过程并对他们的劳动情况进行评价。高校教师要提前规划每次活动的内容、方式，预判各种可能存在的问题，对活动可利用的资源及活动可行性进行评估。在实施劳动教育的过程中，教师要不断激励大学生参与劳动，防止有些大学生浅尝辄止，在他们遇到困难时，教师要一起想办法解决问题。在反思交流阶段，教师要鼓励大学生通过多种方式对劳动过程进行深刻反思，引导大学生表达自己的真实想法，及时纠正大学生不正确的观念，引导他们尊重劳动者。高校教师还要对大学生的劳动素养进行科学评价，使评价过程成为促进大学生观念提升的过程，帮助他们健康发展。

高校要开发利用劳动教育资源。目前，高校劳动教育还没有统一教材，面对校内外各种教育资源，如何辨别、选择、开发、利用尤为重要。高校教师要从身边的资源出发，综合大学生的个人生活、高校生活、社会生活，挖掘可以利用的劳动教育资源，为大学生创造劳动实践的机会。高校要充分挖掘大学生日常学习、生活等场所的劳动教育价值，利用闲置校舍或校园空闲区域开辟蔬菜园、花园、果园等种植场所，利用食堂、图书馆、失物招领处等为大学生提供校内劳动岗位，将劳动教育融入大学生日常活动之中。高校教师还要充分挖掘社会资源，通过组织劳动模范进校园、举办优秀毕业生报告会等活动，让大学生学习身边的普通劳动者，聆听他们的感人故事，充分领悟敬业奉献、砥砺奋进的劳动精神。

总体而言，高校劳动教育专职教师是劳动教育的主导力量、承担多种工作。各级各类高校需要综合考虑，安排适当的人员，保证各项工作顺利开展。

二、劳动教育模式要求

2018 年 9 月 10 日，习近平总书记在全国教育大会上指出："要努力构建德智体美劳全面培养的教育体系，形成更高水平的人才培养体系。要把立德树人融入思想道德教育、文化知识教育、社会实践教育各环节，贯穿基础教育、职业教育、高等教育各领域，学科体系、教学体系、教材体系、管理体系要围绕这个目标来设计，教师要围绕这个目标来教，学生要围绕这个目标来学。凡是不利于实现这个目标的做法都要坚决改过来。"[①] 高校劳动教育应形成"劳动＋课程"模式，即通过劳动教育课程的开发实施，培养学生热爱劳动、热爱人民的情感，增强学生的社会责任感。同时，通过课程的实施与管理，使大学生掌握劳动技能和技巧，培育劳动素养。高水平的高校劳动教育教师队伍是该教育模式必不可少的一环。

从不同年龄学段来看，大中小学劳动教育的侧重点不同，劳动教育

专职教师的工作重点也各有差异。小学劳动教育主要培养小学生的劳动意识和劳动习惯，中学劳动教育主要培养中学生的劳动态度和劳动精神，大学劳动教育主要培养大学生的劳动技能和创业精神。高校劳动教育专职教师需要在劳动教育课程中讲授劳动常识，组织开展丰富多彩的校内外劳动体验活动，让大学生广泛接触各类劳动场景，进行多样化的劳动实践，掌握基本的职业技能。各级各类高校需要根据学段和专业特点培养劳动教育专职教师。

劳动教育专职教师是新时代下高校劳动教育育人的新要求，是未来的高素质劳动者的培育者，"劳动＋课程"的模式要求高校教师具备更高的能力。第一，高校劳动教育教师应掌握专业知识的能力，包括课程开发与实施的基本技能，教学设计与管理、实施评估等能力。第二，高校劳动教育教师要掌握通用能力，包括问题解决能力、创新意识与实践操作等。所以，高校劳动教育教师不仅要熟悉劳动教育目标、课程体系和实施方案等理论层面的内容，还要熟悉学科教学法、教育学、心理学等方面的相关知识，做到有丰富专业知识储备和跨学科知识、跨学科研究实践能力等。这样才能完成课程开发与实施工作，对于劳动教育教师的专业发展也需要形成系统规划和组织管理，这就要求教师要从多方面入手。

高校劳动教育教师的职责是传授劳动知识和劳动技能，高校劳动教育本质上就是一个授人以渔的过程。高校在劳动教育课程开发中，必须高度重视劳动知识传授和劳动技能传授。2014年9月9日，习近平总书记在同北京师范大学师生代表座谈时提出"四有"好老师的要求，即好老师要有理想信念、要有道德情操、要有扎实学识、要有仁爱之心。[①] 高校必须从新时代教师专业素养的角度，重新认识劳动教育教师的角色。《关于全面加强新时代大中小学劳动教育的意见》要求高校要重视劳动知识传授和劳动技能传授，确保这两项工作做到位，让这两项

---

① 习近平. 做党和人民满意的好老师：同北京师范大学师生代表座谈时的讲话 [M]. 北京：人民出版社，2014：4—10.

工作真正成为提高学生劳动素养的重要途径。

高校劳动教育教师的核心素养是具备较高的专业知识水平和教育教学能力。高校教师要想成为合格的劳动教育教师，必须具备以下几方面的素养：首先，要掌握和运用有关劳动教育方面的政策法规，具备一定的理论素养。劳动教育是一项重要的教育活动，具有鲜明的思想性和时代性。教师应该掌握关于劳动教育的政策法规、相关规定、专业知识，以满足不同类型学生劳动素养培育的需要。其次，要掌握基本的专业知识和技能。由于劳动教育具有很强的实践性，对教师专业能力要求更高。作为劳动教育课程的设计者和开发者，教师需要掌握课程设计相关知识，具备课程开发能力，以及具有一定的教学实践经验和反思能力。作为劳动教育教学管理人员，需要掌握劳动教育相关理论知识与技能。最后，要具备一定的思想政治素质和职业道德水平。劳动教育是一项德性工程，需要教师具有高尚的职业操守、崇高的职业理想和强烈的职业责任感。

高校劳动教育教师的角色定位是大学生学习活动的组织者和引导者，是大学生专业发展的支持者，是大学生劳动活动的支持者和促进者。劳动教育课程要与教学整合，因而高校劳动教育教师也需要在此基础上进行拓展，在这一过程中需要关注大学生的学习方式转变。以往对教师角色定位的理解大多是按照学科教学中传授、灌输、接受这三种方式。而实际上，这三种方式存在着一些不足，在传授知识时，容易使大学生形成思维定势，忽略大学生的主动思考。在灌输知识时，容易忽视学生已有的知识基础。而在接受知识时，容易造成大学生被动接受的局面。高校劳动教育课程有着倡导问题式教学、项目式教学等一系列教学方式，这对高校劳动教育教师提出了更高的要求。

高校劳动教育教师需加强专业学习，全面提高劳动教学能力。新时代劳动教育的重要地位决定了高水平劳动教育教师队伍建设的重要性：一是通过课程开发和实施，培养大学生的劳动素养。高水平的劳动教育教师能够开发课程，引领大学生走向未来。二是通过教学能力培养，使大学生掌握劳动技能和技巧。高水平的劳动教育教师是培育大学生劳动素养的重要力量。三是通过课程管理与实施，培养大学生的组织与管理能力。高校劳动教育教师不仅要学习习近平总书记关于劳动教育的相关论述，学习《关于全面加强新时代大中小学劳动教育意见》及相关政策文件，学习相关学科专业知识以及有关劳动教育理论的知识，学习国内外劳动教育典型案例和优秀经验，还要研究不同地区和不同学段学生特点，因材施教，探究适合各地区、各学段学生的课程方案与实施路径等。

高素质劳动教育教师团队需要完善师资队伍建设，充分发挥团队作用。高素质的劳动教育教师团队是实现"劳动＋课程"模式的关键，是"劳动＋课程"模式取得成功的保障。当前，高校在开展劳动教育时，除了聘请校外专业人员参与外，还充分利用学校现有教师资源。由高校领导班子成员、思政课教师、辅导员等共同组成教师团队，采用师徒配对的形式，为高校劳动教育教师提供全方位指导。通过集体备课、授课交流等方式，为高校劳动教育教师提供平台，促进他们快速成长。团队中要形成既有经验丰富、专业扎实的老教师，又有充满活力、技能精湛的年轻教师的互补态势。老教师利用自身专业优势和丰富的教学经验对年轻教师进行指导，帮助他们尽快熟悉劳动课程的教学内容；年轻教师向老教师学习劳动课程开发的基本理念和方法，实现新老相结合。

教师是教育发展的第一资源，高校教师队伍建设是推进高校劳动教育高质量实施的关键。高校劳动教育教师的整体水平，决定着高校劳动教育的发展质量。高校要在实际工作中加强劳动教育教师队伍建设，不断优化教师队伍结构，还要充分发挥好老教师、特级教师等骨干的作用，鼓励支持他们积极参与到劳动课程建设中来。同时，还要以大学生发展为本，将劳动素养作为大学生毕业评价的重要指标。高校要真正落实立德树人根本任务，培养德智体美劳全面发展的社会主义建设者和接班人。

三、劳动教育教学要求

劳动教育是中国特色社会主义教育制度的重要内容，是全面发展教育体系的重要组成部分，是高校必须落实的培养社会主义建设者和接班人的重要任务。2018 年 9 月 10 日，习近平总书记在全国教育大会上强调："要在学生中弘扬劳动精神，教育引导学生崇尚劳动、尊重劳动，懂得劳动最光荣、劳动最崇高、劳动最伟大、劳动最美丽的道理，长大后能够辛勤劳动、诚实劳动、创造性劳动。"[①]劳动教育是国民教育体系和高校劳动课程的重要内容，是大学生成长发展的必要途径。高校劳动教育是全面贯彻党的教育方针、落实立德树人根本任务、培养大学生担当民族复兴大任的内在要求。

高校劳动教育是要把劳动教育同日常生活紧密结合起来，以体力劳动为主，还要密切联系大学生的生活实际，对他们进行热爱劳动的教育。在内容选择上要体现大学生认知水平发展特点，用生动活泼的教学手段强化课堂教学效果，增强大学生对劳动、职业、岗位的体验和理解。

高校劳动教育要坚持以劳立德、以劳益智、以劳强体、以劳育美的原则。在日常生活劳动中，加强社会主义核心价值观教育，结合大学生思想实际，引导他们树立热爱劳动、崇尚劳动的思想品德；在生产劳动中，培养大学生吃苦耐劳、精益求精的品格；在服务性劳动中，帮助大学生形成热爱学习、勤于动手的良好习惯，锻炼团队协作能力。让大学生从劳动中发现问题并动手解决问题，在生产实践中获得真才实学、掌握技能技巧。同时，合理的劳动有利于增强大学生的身体素质，帮助他们树立健康第一的意识，养成良好的体育锻炼习惯和卫生习惯，具有良好的身心状态。

---

① 中共中央党史和文献研究院. 十九大以来重要文献选编：上〔G〕. 北京：中央文献出版社，2019：653.

在开展劳动教育课程时，教师应注意教学内容要符合课程标准要求且适合大学生专业特点并兼顾性别差异；教学方法要有利于调动大学生参与劳动教育的积极性；教学素材要根据劳动教育主题内容选择，遵循学科课程的科学设计与实施原则；教育主题活动要根据不同高校的特点来进行设计和实践。

高校劳动教育教师要针对不同专业大学生的特点设定不同教学目标、内容与任务，通过对大学生不同特点之间关系的把握，避免单纯地灌输知识技能或简单重复性操作。高校还要遵循既注重理论指导又突出实践能力培养的原则，结合劳动教育主题，充分利用信息技术手段开展丰富多样的课外实践活动。高校劳动教育教师要科学设计劳动课课时及内容安排。根据本学年教材内容特点及学段特点合理安排每学期劳动课课时数量及任务类型，至少以每周1课时为单位安排劳动课内容及任务实施方案（含教案），并通过合理的课程组织形式让每个课时都能够有序开展。

高校劳动教育教师既要通过教育，让大学生懂得劳动光荣、劳动创造伟大的道理，也要让大学生在参加劳动的过程中，逐步树立正确的劳动观念和良好的劳动习惯，养成热爱劳动的优秀品质。以实践体验为核心，在具体的劳动实践中，培养大学生良好的劳动态度、习惯和品质。劳动教育教师积极鼓励大学生参与义务劳动、公益劳动和校园保洁等活动，培养他们吃苦耐劳、艰苦奋斗的精神。例如，通过组织大学生参加公益活动，可以让他们体会到服务他人、奉献社会和帮助他人所带来的快乐与幸福；通过组织大学生开展社会调查、社区服务等实践活动，让他们认识到每一个人都是社会这个大家庭中不可缺少的一员，养成热爱祖国和集体、关心他人和社会的良好品质。各高校要结合自身实际制定实施方案，开展形式多样的劳动教育活动，将其纳入高校教育教学计划中，让每个大学生都参与到其中，充分利用校内外各种资源开展实践活动，通过日常生活管理和规范行为训练强化劳动观念。

高校劳动教育教师要根据大学生特点和学习需要，为大学生安排力所能及的学习任务和工作任务，组织参加力所能及的家务劳动、公益活动，体验集体生活方式。劳动课要以大学生全面发展和健康成长为本，根据新时代高校劳动教育的内容、要求和课程目标，合理安排学习任务，注重与学科教学有机融合，注重结合实际开展劳动实践。要以大学生生活为主线开展教学，确定好每个年级各学段的劳动课主题内容及时间安排，每年级每周至少安排一次劳动课，可根据实际情况适当调整。应设置一定比例的劳动课程作业，纳入课堂教学内容，可采取实践操作、职业考察、社会调查等方式进行。例如有目的地设计跨学科主题学习活动方案。要把劳动教育贯穿于高校教育全过程，在组织实施各年级学科教学时安排劳动教育内容。要把劳动教育作为综合素质评价内容之一，要把劳动素养纳入大学生综合素质评价体系。劳动课程设置的目的，在于通过有计划、有组织的劳动实践活动，帮助大学生形成良好的劳动习惯和品质。

高校要加强劳动教育的宣传引导，在全面推进素质教育中加强新时代高校劳动教育要求，积极营造良好的社会环境和家庭氛围。高校应及时宣传党中央对劳动教育的要求，宣传《大中小学劳动教育指导纲要（试行）》的重要意义，深入解读关于劳动育人方面的重要政策及典型案例等，促进社会各界达成共识。高校还要充分利用各种媒体对大学生进行积极正面引导，营造全社会共同关心、重视高校劳动教育的良好氛围。

高校要开展劳动教育研究工作，加强高校与科研院所及企业、职业院校合作共建。针对国家大中小学劳动课程设置特点与实施要求，组织骨干教师对"五育并举""五育融合"中的教育教学模式、教学方法进行系统研究并将成果运用于日常教学实践中。

高校劳动教育要落实管理责任，各级各类高校要对照《大中小学劳动课程指导纲要（试行）》要求，建立健全高校、家庭、社会协同推进实施的工作机制，科学合理安排教学时间和实践活动。高校需积极探索基于项目化学习、研究性学习方式的劳动课新途径，切实保障劳动课课时及教师配备条件，确保劳动课开齐开足。高校应定期对落实情况进行检查督导和总结评估，并向主管部门报告相关情况，接受社会监督和有关方面评议。

高校劳动教育要建立激励机制，在教学管理、教师考核、质量评价等方面实施多种措施进行激励。教学管理方面，要建立劳动教育课程教师教学评价机制，根据大学生参与劳动实践情况，在备课、教学、作业批改、听课评价等方面给予教师合理的评价激励。教师考核方面，要建立以过程性评价为主体，以结果性评价为补充的多维度考核体系，包括大学生日常表现、学习态度、实践活动效果等方面。质量评价方面，高校要制定劳动教育质量标准，构建科学合理的大学生劳动素养评价指标体系，采用多种形式对大学生参与劳动教育情况进行客观记录和科学分析，将大学生参加劳动实践活动的过程和结果相结合。在学习成果展示方面，高校要将劳动教育纳入学分管理，把参与实践活动的大学生学习成果纳入综合素质评价体系，并作为衡量大学生全面发展状况的重要指标。高校应组织开展教师教学科研能手、优秀教学案例等评选工作，对优秀者予以表彰奖励。

高校劳动教育是大学生全面发展的重要内容，是促进大学生形成积极的人生态度和良好的道德品质的重要途径。劳动教育具有综合性、实践性、渗透性等特征，可以渗透在德育、智育、体育、美育及社会实践等各个方面，以大学生日常生活中的劳动为主要内容，充分发挥实践育人作用，促进大学生形成积极的人生态度和良好的道德品质。新时期加强高校劳动教育，有利于促进大学生形成正确的劳动观和良好习惯，培养他们劳动兴趣和创新精神，强化他们社会责任感，使他们获得生存技能与本领，树立正确的人生目标。

第三节 劳动教育是大学生综合素质强化之需

高校劳动教育可完善全面发展教育的功能，强化新时代大学生的综合素质，塑造他们美好的精神品质，强健他们健康的体魄，从而使他们能够热爱劳动、积极劳动。高校劳动教育将间接经验与直接经验结合起来、将理论知识和劳动能力结合起来，构建劳动教育课程体系，打造显性与隐性课程协同育人模式。结合高校劳动教育理论与实践性相统一的本质要求，激发大学生在实践中不断提升对事物的理解、认识和创造。

一、劳动教育塑造品质

《关于全面加强新时代大中小学劳动教育的意见》提出了要构建德智体美劳全面培养的教育体系，把开展劳动教育情况纳入学生综合素质评价。在全面推进素质教育进程中，使大学生在实践活动中学习并掌握基本劳动技能和职业知识，培养基本劳动技能，有助于大学生综合品质的提升。

实现大学生自由全面发展，"五育并举"是高校劳动教育重要一环。习近平总书记指出："劳动创造了中华民族，造就了中华民族的辉煌历史，也必将创造出中华民族的光明未来。"[①] 随着经济社会的发展，劳动教育的时代内涵更加丰富。在劳动教育中，中国共产党提出了德智体美劳"五育并举"的要求，把劳作为素质培养能力，这是新时代教育立德树人的必然要求。高校需要从更高层面系统地实施劳动教育，强化其育人价值和功能。因此，要准确把握高校劳动教育的新要求。当前中国正处于实现中华民族伟大复兴的关键时期，需要全面加强高校劳动教育，为培养德智体美劳全面发展的社会主义建设者和接班人提供更加充足的资源与条件保障。

高校劳动教育有利于进一步弘扬"三劳"精神。其中工匠精神是指劳动者秉承精益求精的理念，秉承专注、创新、细致、严谨的精神，按照规范的程序，一丝不苟地完成一件产品。工匠精神是衡量劳动者素质高低的一个重要标志，工匠精神的培养有利于提高劳动者职业素养和职业能力，从而提升劳动效率。它体现了劳动者在生产过程中遵守职业道

---

① 习近平. 习近平谈治国理政：第1卷 [M]. 北京：外文出版社，2018：46.

德与社会规范。劳模精神、劳动精神、工匠精神是鼓舞全党全国各族人民风雨无阻、勇敢前进的强大精神动力。

《关于全面加强新时代大中小学劳动教育的意见》将劳动教育分为日常生活劳动、生产劳动和服务性劳动三类，明确了每一类劳动都是生活教育，要求大学生把日常生活与生产活动中的劳动作为第一课堂，充分挖掘生产生活中蕴含的劳动教育资源，进行服务性、体验式教育，培养大学生热爱生活、珍惜幸福的情感和良好习惯。同时，要求高校要开设大学生职业启蒙、职业认知和职业体验等类型的劳动教育课。其中职业启蒙要以现实生产生活中的具体职业为内容，帮助大学生了解职业知识、熟悉职业道德、掌握就业创业基本技能。劳动教育在各学段的课堂教学中，要把通过日常生活劳动实现正确价值观念、良好道德品质和综合素质等方面内容作为重要教学目标。

高校劳动教育要在实践中培养大学生艰苦奋斗、吃苦耐劳的意志品质，在实践中塑造大学生吃苦耐劳、团结协作的精神品质，提高其对劳动的认识，使其形成尊重劳动、崇尚劳动的正确价值观。让大学生树立正确的劳动观，做新时代积极进取、踏实肯干、勇于创新的劳动者。高校要让大学生从小处入手，把劳动作为生活方式、生存技能和人生态度。

高校要完善劳动教育评价体系，将劳动素养纳入大学生综合素质评价体系，引导大学生养成良好的劳动习惯和行为习惯。在当下的教育评价体系中，往往忽视大学生在劳动过程中的学习、表现，更多地只重视结果而非过程。要想真正落实好劳动教育要求，必须要改变这种现状。评价指标既要相对稳定，又要与时俱进；既要有劳动知识与技能、劳动制度、经费投入等客观指标，又要有劳动素养、劳动观等定性指标。事实上，只有不断完善评价体系，才能将大学生在劳动过程中所表现出来的各种品质与能力进行合理评价。如果仅仅只注重结果而忽视了过程的话，那么整个劳动教育效果将大打折扣。除此之外，还必须完善高校、家庭以及社会联动的工作机制，尤其是要帮助大学生树立正确的劳动观念、养成良好的行为习惯，强化对大学生劳动品质与技能培养的同时，还要不断为他们提供物质与精神的双重支持。在具体实施过程中必须要结合大学生的特点制定出针对性强、便于操作、具有激励性效果的评价方案，以及引导大学生养成良好行为习惯的措施和办法，真正将劳动教育落到实处。

高校要把劳动教育纳入人才培养全过程、融入各学科各环节是中国人才培养的重要特色，是大学生核心素养培育和全面发展的需要。可以说，加强高校劳动教育对于培育大学生正确的劳动观、提高他们动手实践能力、增强他们综合素质具有重要意义。新时代下加强高校劳动教育还需从国家层面、家庭层面与社会层面协同发力，为每一名大学生塑造良好品质奠定坚实基础。

二、劳动教育强化价值

劳动是人类最伟大的发明，也是社会进步的根本动力。在德智体美劳全面发展的基础上，高校劳动教育培养大学生成为能劳动、能生活、能创造的人。劳动是财富之父，也是价值之父，人类因劳动而伟大、因付出而美好等观点和论述，都深刻揭示了劳动教育的本质特征和发展方向。

党的十八大以来，以习近平同志为核心的党中央高度重视马克思主义劳动观和社会主义核心价值观教育，强调要坚持全覆盖、常态化开展劳动教育，倡导诚实守信劳动，引导大学生树立正确的劳动观。在全国高校普遍开展劳动课和劳动实践，对培养大学生积极进取的人生态度和吃苦耐劳的精神品质，促进大学生健康成长成才具有十分重要意义。

高校劳动教育要在各学科中渗透劳动教育知识、内容和方法，引导大学生在日常生活中体验和感悟劳动的价值。同时，充分利用校内外资源，组织大学生开展校内外社会实践活动。劳动是人类社会所特有的现象，人类社会中一切社会活动都可以理解为在一定物质资料生产过程中不断进行价值交换和传递等一系列活动，并为其创造价值和实现价值，这就是劳动的独特价值之处。高校劳动教育实践要在坚持社会主义办学方向的前提下，始终强调以劳树德、以劳增智、以劳强体、以劳育美，其最终目标在于促进大学生成长为具有正确劳动观和良好劳动习惯的人。

人的品德和思想道德是息息相关的，品德离不开劳动实践。劳动本身是一个极为复杂的过程，不同年龄阶段有着不同特点，在社会发展进程中其影响也具有一定局限性。劳动创造价值、创造精神财富，这是对劳动的基本评价。德育并不能代替劳动实践活动，相反它只是为形成正确劳动观服务的，德育工作必须以劳动为基础、为保障和前提。社会在不断发展的过程中出现了许多新事物和新现象，从某种意义上讲这些都是德性之基而非德性之用。高校教育实践中强调劳德并重、知行统一等一系列原则，有助于提升大学生对品德评价与形成过程、方法、内容等方面了解程度和掌握水平，同时也有助于增强大学生对道德要求和价值规范的理解程度。劳德双全应包括两个层面：一是德在个人内心深处迸发出来的内在情感驱动或道德调节作用下形成的一定行为方式，二是通过具体行动去实现自我价值并完成道德内化与外化的双重过程。高校应加强对大学生进行道德教育方面的内容教育和指导，帮助大学生树立正确的价值导向的观念和意识。

劳动既是社会财富创造活动，又是大学生进行智力开发、创新意识培养的动力源泉。从现代教育理念看，脑力劳动在人社会化的过程中发挥着重要作用，要提高大学生智力水平就必须从多方面加强锻炼和培养学生思考问题、解决问题和创新的能力。

高校教育一直强调要把大学生体育锻炼放在突出位置，坚持健康第一的教育理念。注重高校劳动教育和体育锻炼之间的协同配合，强化劳动教育对大学生身心健康、体魄强健、意志坚强等方面的促进作用。在劳动教育与体育锻炼相结合的过程中教师示范指导、同伴互助影响以及家校协同配合等方式，积极引导大学生参与体育锻炼和劳动，使大学生在劳动过程中达到强身健体的目的。

高校劳动教育要使大学生掌握必要的知识技能提高劳动能力和创造力。而这种能力又是与审美能力结合发展的。劳动教育作为一种再创造活动，本身就具有较强象征意义和艺术感染力。高校劳动教育作为思想道德教育和审美教育的重要组成部分，其最终目的是培养大学生的劳动意识，使他们具有积极的劳动态度，并具备一定的劳动技能。当前部分高校存在着重视智育而轻视德育与劳育的问题，以分数为主要衡量标准，德育在一些高校处于被边缘化地位。一些大学生认为只有读书好，参加各种比赛才算优秀，导致他们养成了只爱学习不爱劳动等不良习惯。大学时期是人生中最为重要的黄金时期，因此在重视品德教育的同时要加强大学生劳动意识教育。高校劳动教育可以从以下六点入手：

第一，规范大学生劳动行为。《关于全面加强新时代大中小学劳动教育的意见》强调要着力构建校内外结合的劳动教育实施机制。高校要着力拓展社会实践活动，鼓励学生利用寒暑假开展社会实践活动；要着力发挥家庭在孩子成长中的重要作用，培养学生尊重劳动成果、热爱生活的良好品质。因此，高校应在日常教学中坚持培养大学生正确的世界观和人生观，形成正确的价值观和劳动观，从而规范自己乃至他人的行为准则。

第二，规范大学生劳动时间。高校劳动时间要合理，不宜太长，大学生可以适当做一些力所能及的体力活，让大学生亲身体验一下劳动的快乐，体会到劳动是一件很光荣的事情，通过在课堂上示范然后让他们在教室里实际操作以达到教学目的。

第三，加强课堂教学和对大学生劳动习惯的培养。劳动教育是高校教育中一个重要的组成部分，同时也是一个重要的课堂内容，而其中劳动习惯是一个重要的方面。

第四，提升大学生劳动素养。劳动素养是大学生综合素质中的核心要素之一，是大学生职业生涯发展所需的重要能力。培养大学生的劳动素养有利于他们适应社会，发展所需要的必备技能、关键能力。从教育观念来讲，劳动既是素质教育中不可缺少的组成部分，也是人不可推卸的责任。它不仅是人成长过程中不可或缺的教育内容，而且对于培养社会主义建设者和接班人具有重要意义。

第五，培养大学生树立正确的劳动观念，形成良好的劳动习惯和品质。因此高校要加强劳动教育工作的力度，培养大学生树立正确的劳动价值观,帮助他们认识到劳动的重要性,为他们今后走上社会奠定基础。只有让大学生积极地参加形式多样、内容丰富的劳动实践活动,才能培养他们正确的劳动观。良好的劳动习惯和品质是劳动教育的重要内容。大学生拥有良好的劳动品质,才能在社会上立足;具备良好的劳动习惯,才能让大学生人生变得更美好。良好的劳动习惯和品质不仅对个人成长起着重要作用,还能增强人的精神力量。

第六,让大学生掌握一定的劳动知识和技能。随着现代科技的发展,许多行业已经步入数字化、智能化阶段。大学生如果没有掌握现代科学技术知识、工艺技能和方法技巧,将无法适应市场的要求。因此掌握一定的劳动知识和技能是十分必要和重要的。

当前,高校劳动教育面临着多重挑战,需要强化价值引领、丰富实践载体、完善保障机制。深化对劳动教育价值意蕴的认识,既要强调以人为中心的思想、全过程育人理念、劳动观等现代价值理念,更要着眼于新时代中国特色社会主义建设事业、新发展格局构建、高质量发展要求和全社会对美好生活的向往。

三、劳动教育激发创造

高校劳动教育强化创新创业实践,激发创新精神。创新是新时代大学生的内生动力,创新创业重在培养大学生的创新精神、创造能力和创新人格。劳动是满足个人需要的现实手段,在劳动的过程中,人们不断提出新的需要,不断要求生产力发展,不断要求生产关系做出调整乃至变革,这一切都在客观上推动了社会的发展。劳动是人的劳动,人是现实劳动的人,劳动与人是不可分割的统一体,因此,社会的发展归根结底要靠劳动,要靠劳动者。

"人民创造历史,劳动开创未来。"[①] 习近平总书记的这一重要论述是对马克思主义理论中人民群众是社会历史的主体这一思想的继承与发

---

① 习近平. 习近平谈治国理政:第1卷 [M]. 北京:外文出版社,2018:44.

展，通过劳动教育可以更加坚定大学生的社会主义信念。以劳促创是指通过高校劳动教育，培养大学生的创造性劳动能力。高校要大力支持创新创业活动，注重培养大学生的创新意识、创业精神和创新创业能力，鼓励大学生自主选择课程内容和学习方式。这既是对劳动教育重要作用的高度概括，也是对其实施路径的精准定位。创新能力与实践能力紧密相关，实践能力需要不断提升才能获得持续发展。在实践中学习是培养创造性劳动能力的重要途径，只有在实践中不断发现问题、解决问题，才能在实际中实现自我价值。

劳动教育在培养大学生科学精神方面具有无可替代的作用，劳动实践是提高认识能力和解决实际问题能力以及创新思维能力的重要途径。增强大学生的社会责任感和创新精神，有利于增强大学生动手能力、培养他们独立生活能力和创新思维。习近平总书记关于劳动教育和素质教育都有过重要论述，他指出，"我们的根扎在劳动人民之中。在我们社会主义国家，一切劳动，无论是体力劳动还是脑力劳动，都值得尊重和鼓励"①。劳动是财富之母、幸福之源，劳动创造世界、劳动创造未来，劳动作为教育的重要内容，是马克思主义劳动观和劳动价值观在教育上的重要体现，尤其是在新中国成立以来，劳动教育为高校的创新发展提供了重要指导。

科学精神实质上就是一种理性思维方式、价值取向和社会理想，劳动教育与科学精神相得益彰。科学精神强调尊重客观事实和规律，它的基本特征是实事求是、探索创新和追求真理。科学家在长期从事科研工作中形成了优良传统，其中最核心的方面之一就是尊重劳动，而这种宝贵的品质正是今天科学精神的重要内涵之一。从劳动教育内涵看，劳动教育与科学精神内涵很相近，充分说明了劳动教育与科学精神二者之间密切关联，劳动教育与科学精神相辅相成。科技创新与劳动创造紧密相连，科技创新离不开人才支撑。

---

① 习近平. 在庆祝"五一"国际劳动节暨表彰全国劳动模范和先进工作者大会上的讲话［M］. 北京：人民出版社，2015：5.

　　培养创新人才是高校劳动教育的出发点和落脚点。《关于全面加强新时代大中小学劳动教育的意见》强调，劳动教育是立德树人的重要途径，要贯穿教育全过程，实现知行合一。高校劳动教育可以使大学生获得实际生存技能和从事生产建设所必需的技术知识与技能，从而使他们成为具有一定实践经验和创造能力的人，也可以培养大学生自由地联合起来从事社会改造，并对一切美好事物进行积极创造，还可以使他们通过参与生产劳动、服务劳动与创造性活动来培养自己作为劳动者的素质，从而促进自身全面发展与社会全面进步。

　　人是一切技术和财富创造的源泉，任何时候都离不开人才支撑，而人才离不开劳动教育与实践锻炼。在实践中发现问题、推动工作才能促进知识学习和技能掌握、思维能力提升和综合素质提高，也只有这样才能不断提高人们的专业技术水平和职业素养，才能创造更多的物质财富和精神财富。

第三章　高校劳动教育育人模式的理念构建

"劳动是推动人类社会进步的根本力量"①，当代大学生担负着民族复兴的时代使命。习近平总书记在党的二十大报告中指出："青年强，则国家强。当代中国青年生逢其时，施展才干的舞台无比广阔，实现梦想的前景无比光明。"② 新时代高校劳动教育是中国共产党对教育的新要求，是中国特色社会主义制度的重要内容，是全面发展教育体系的重要内容。高校劳动教育要充分认识到加强大学生劳动教育是落实立德树人根本任务的需要，是落实"五育并举"的需要，也是全面提高人才培养质量的需要。因此，高校要树立正确的劳动教育价值观、确立正确的劳动教育人才观、建立正确的劳动教育规划观。要切实把握好高校劳动教育育人这个关键环节，建立起以大学生为主体、高校教师为主导、高校实践基地为载体、广大大学生参与的协同育人机制，积极构建起符合新时代要求和大学生成长发展规律的育人模式。

第一节　树立正确的劳动教育价值观

2013 年 4 月 28 日，习近平总书记在同全国劳动模范代表座谈时的

---

① 习近平. 习近平谈治国理政：第 1 卷 [M]. 北京：外文出版社，2018：44.
② 习近平. 高举中国特色社会主义伟大旗帜　为全面建设社会主义现代化国家而团结奋斗——在中国共产党第二十次全国代表大会上的报告 [M]. 北京：人民出版社，2022：71.

讲话中提出："劳动是财富的源泉，也是幸福的源泉。人世间的美好梦想，只有通过诚实劳动才能实现；发展中的各种难题，只有通过诚实劳动才能破解；生命里的一切辉煌，只有通过诚实劳动才能铸就。"① 这是习近平总书记对新时代每一个人的劝勉之言，也是对大学生的深深期望。"教育引导学生崇尚劳动、尊重劳动，懂得劳动最光荣、劳动最崇高、劳动最伟大、劳动最美丽的道理"② 这一重要论述体现了习近平总书记对教育的根本要求，也为高校指明了新时代加强和改进劳动教育的基本方向。在新的发展阶段，大学生对于劳动的认识和理解已经发生了很大的变化。绝大部分大学生已经逐渐认识到劳动的重要性和实效性，劳动已经被赋予了更高的地位。

如何有效落实习近平总书记对新时代劳动教育的重要指示精神，是摆在高校面前一项重大而紧迫的任务。高校应该按照全国教育大会要求部署做好新时代劳动教育工作，它不仅可以培养大学生的实践能力和创新意识，还可以提高大学生的社会责任感和人文素养。下文从劳动最光荣、劳动最重要、创造性劳动三个方面，阐述在高校劳动教育育人模式的理念构建中如何树立正确的劳动教育价值观。

一、劳动最光荣

中华民族历来崇尚劳动，重视劳动。在漫长的历史进程中，劳动创造了人类社会的全部财富，推动了人类社会的进步和发展。5000 多年文明发展孕育的中华优秀传统文化，蕴含着丰富而深刻的思想道德教育资源。中国共产党领导人民进行革命、建设和改革，靠的就是一代又一代先进的人民群众辛勤劳动、无私奉献。在中国传统文化中，劳动一直被视为一种光荣的行为，人们对于劳动的认知和态度一直是积极的。在高校劳动教育中，如何树立正确的劳动教育价值观，可以从劳动是一种

① 习近平. 习近平谈治国理政：第 1 卷 [M]. 北京：外文出版社，2018：46.
② 中共中央党史和文献研究院. 十九大以来重要文献选编：上 [G]. 北京：中央文献出版社，2019：653.

值得尊重的行为、劳动是一种成就感和自豪感、劳动是一种体验和参与等三个方面来建构。

（一）劳动是一种值得尊重的行为

2019年3月8日，习近平总书记在学校思想政治理论课教师座谈会上强调："培养德智体美劳全面发展的社会主义建设者和接班人。"[①] 在"五育"中，体育、美育和劳动教育是全面发展教育的重要组成部分，是大学生成长成才不可或缺的重要内容。但是，高校劳动教育却是一个较弱的领域，它长期被边缘化，在高校中被淡化、在家庭中被忽略、在社会中被淡化。今天的不少大学生几乎没有体会过体力劳动的艰辛和繁重，这是不正常、不科学的现象。这种"五育"失衡的态势，长期发展下去必将给大学生造成一生都难以弥补的损失。

劳动教育是实践教育，决定了它不能像其他课程那样仅靠课堂教学来完成。高校承担着教书育人的重任和培养人才的重要使命，要把培养社会主义建设者和接班人作为根本任务和战略目标。高校实施劳动教育不能只停留在口头上、墙上、书本里，更是要落实到每一门课程中。《普通高等学校本科专业目录（2012年）》已将具有正确世界观、人生观、价值观的现代公民列入第一类人才培养方案，要以此为依据，开好思想道德修养与法律基础和中国近现代史纲要等课程，通过开设专题讲座、课程讲座等多种形式讲述劳模事迹以及革命先辈为新中国建设所做出的杰出贡献。

现在部分高校里存在着一些不良风气、一些消极现象。这些现象严重影响着部分大学生对劳动最光荣、劳动最崇高的认识，严重影响着他们对社会主义核心价值观的追求，也严重影响着他们对社会正向风气的追求。因此，高校应该把劳动教育渗透到每一门课程中去，落实到大学生学习和实践中去，不能只停留在口头上或墙上。

高校劳动教育是一个系统工程，需要家庭与高校相互配合。家长首

---

① 习近平. 习近平谈治国理政：第3卷 [M]. 北京：外文出版社，2020：328.

先要正视大学生对劳动价值认知存在较大差异而导致的心理偏差，努力引导大学生从心里认可劳动。高校应该明确地告诉大学生，劳动是一种尊重自己和尊重他人的行为，是一种对社会、对家庭、对自己负责任的态度。家长还要注重言传身教，以身作则，这样才能以实际行动引领大学生形成正确的价值观。同时，高校还要多角度开展各种形式教育活动，为大学生提供更多动手和体验实践机会，提升他们对劳动价值的认知。

（二）劳动是一种成就感和自豪感

劳动创造了人类，劳动创造了幸福。高校劳动教育要让大学生树立正确的劳动观，认识到只有通过辛勤劳动才能获得丰厚回报，懂得唯有辛勤劳动才是人生幸福之源、成长成才之基。大学生要懂得只有通过劳动才能创造价值和美好生活的道理，同时也要认识到只有辛勤工作才能实现人生价值。中华民族伟大复兴绝不是轻轻松松、敲锣打鼓就能实现的，在于一代代劳动者接续奋斗、艰苦创业。任何时候都必须依靠辛勤劳动筑梦铸魂。"劳动模范是民族的精英、人民的楷模"[①]，高校要大力弘扬劳模精神和工匠精神，可以通过"劳模大讲堂""劳模走进课堂"等方式让大学生深深感知到辛勤劳动能真正地获得内心的满足，获得社会的尊崇，以此来激发大学生通过劳动获得自信心和自尊心，加深他们的劳动自豪感和成就感。

（三）劳动是一种体验和参与

2020年3月20日，中共中央、国务院印发了《关于全面加强新时代大中小学劳动教育的意见》，提出在大中小学设立劳动教育课程，系统开展劳动教育，将劳动素养纳入学生综合素质评价体系，建立以实践为主的劳动教育制度，着重强调了高校劳动教育要以实践为主。高校劳动教育在对大学生进行马克思主义劳动观等基本理论的教育时还要引导

---

① 习近平. 习近平谈治国理政：第1卷 ［M］. 北京：外文出版社，2018：46.

大学生对劳动的认知，在用基本理论知识武装头脑的同时，深深明白劳动是动手的体验，而不是口头的号召。

二、劳动最重要

"劳动是一切财富和一切文化的源泉"[①]，这句话形象地说明了劳动不仅是人类赖以生存和发展的基础，也是人类获取知识、认知世界、获得发展力量的重要源泉。这就要求高校劳动教育要不遗余力地引导大学生树立正确的劳动观，认识到劳动的重要性，培养大学生正确的劳动思想和劳动态度，养成良好的劳动习惯。

（一）劳动是实现自我价值的途径

"人生的意义在于奉献，人生的价值在于奉献"[②]，要想实现人生价值，就必须为社会做出贡献。每个人都是社会的一份子，个人对社会的贡献大小取决于其为社会做了多少贡献，而不是取决于其在社会中占有什么位置。这就要求每个人都必须热爱自己所从事的工作，并努力提高自身素质，做一个对社会有贡献的人。在劳动中，人与人之间相互理解和信任，才能结成亲密而友好的关系，只有劳动才能使大学生体验到作为人类生活的乐趣和自由。

马克思把自我价值看作人的劳动对自身发展和创造能力增长所具有的意义，这是因为只有在劳动中，人才能真正成为自己，才能充分发挥自己的个性，得到精神上、体力上和智力上的自由发展。要实现人生价值，就要以勤奋劳动为前提。如果一个人不能在劳动中体现自己对社会和他人应尽的责任和义务，就必然会产生一种失落感、无助感、悲观失望等消极情绪。要想实现自我价值必须充分发挥自己才能、技能和智慧。因此，大学生要实现自己的自我价值就要从最基本的工作做起。高

---

① 中共中央马克思恩格斯列宁斯大林著作编译局. 马克思恩格斯选集：第3卷 ［M］. 北京：人民出版社，2012：358.

② 中共中央宣传部宣传教育局. 雷锋精神学习读本 ［M］. 北京：人民出版社，2013：40.

校劳动教育旨在让大学生明白通过自己的双手辛勤劳动是实现自我价值的唯一有效路径。

（二）劳动是建设美好社会的途径

恩格斯指出："劳动创造了人本身。"① 劳动是人类社会生存的必要条件和必要手段，也是人类社会得以发展的基础，更是人类建设美好社会的途径。劳动具有多重性和多样性，物质生产劳动、精神生产劳动和科学生产劳动都是重要的组成部分。人类在社会中从事生产、生活，是为了满足自身生存和发展的需要。人作为社会存在物，作为个体不能独立存在，需要有他人对其进行照顾和帮助。在人类社会中，人们为了满足自己的需要，形成了各种社会关系。社会是个人存在和发展的基础，随着人类社会交往规模不断扩大和交往关系日益复杂，对劳动者提出了更高的要求，不仅要提高自身素质和能力以适应新时代发展需要，而且要培养良好品质以满足美好生活需求。高校教育必须培养科学素养和人文素养相结合、实践能力与创新能力相结合、全面发展与个性发展相结合、知识学习与能力培养相结合的全面发展人才。高校劳动教育应该让大学生认识到，每个人都有责任为社会的发展做出自己的贡献。只有在劳动中不断创新、不断发展，才能促进社会的进步和发展。因此，大学生应该认真对待自己的学业和工作，为建设美好社会尽自己的力量。

（三）劳动是提高自身竞争力的重要途径

习近平总书记强调，"幸福生活都是奋斗出来的"②。对大学生的培育，就是要让他们在劳动中掌握知识、增长本领、锤炼意志，不断强化其奋斗精神和创新精神。没有奋斗精神就不可能有理想、有抱负，更不可能实现自我价值。要把奋斗精神作为高校劳动教育的基本内涵，这既是对劳动教育内涵的丰富，也是对劳动教育内容的拓展。在培养大学生

---

① 中共中央马克思恩格斯列宁斯大林著作编译局. 马克思恩格斯选集：第 3 卷［M］. 北京：人民出版社，2012：988.

② 习近平. 习近平谈治国理政：第 4 卷［M］. 北京：外文出版社，2022：142.

吃苦耐劳、艰苦奋斗品质方面，要引导他们敢于直面挑战和经受考验，敢于创新、勇于超越；在培养大学生精益求精、追求卓越方面，要引导他们树立精益求精的工匠精神；在培养大学生勇于创新的意识方面，要引导他们树立敢为人先的创新意识；在培养大学生坚韧不拔、勇往直前品质方面，要引导他们树立直面挑战和攻坚克难的奋斗精神。通过培育大学生践行奋斗精神、工匠精神等，实现劳动教育价值取向与人才培养价值取向的有机统一。高校劳动教育应该让大学生知晓劳动是提高自身竞争力的重要途径，只有具备一定的实践能力和创新意识，才能在职场中立于不败之地。通过劳动，大学生可以不断提高自己的专业技能和综合素质，增强自己的就业竞争力。

三、创造性劳动

创新是推动社会进步和经济发展的重要因素，高校劳动教育也应该注重创新劳动和创造性劳动的培养。习近平总书记强调："广大青年要坚定不移听党话、跟党走，怀抱梦想又脚踏实地，敢想敢为又善作善成，立志做有理想、敢担当、能吃苦、肯奋斗的时代好青年，让青春在全面建设社会主义现代化国家的火热实践中绽放绚丽之花。"[①] 大学生要成为德智体美劳全面发展的社会主义建设者和接班人，既要热爱劳动又要善于劳动。要引导大学生树立正确的劳动价值观，就必须培养大学生的创新精神。创新精神是人类社会不断发展进步的不竭动力。实践是创新的源泉，理论与实践相结合是培养创新能力的基本途径。习近平总书记指出："时代总是把历史责任赋予青年。"[②] 新时代高校劳动教育必须充分体现时代要求，坚持以马克思主义为指导，培养大学生不怕困难、勇于探索、敢于创新的精神，在实践中增强劳动教育的时代感和实

---

① 习近平. 高举中国特色社会主义伟大旗帜　为全面建设社会主义现代化国家而团结奋斗——在中国共产党第二十次全国代表大会上的报告［M］. 北京：人民出版社，2022：71.

② 习近平. 在庆祝中国共产主义青年团成立 100 周年大会上的讲话［M］. 北京：人民出版社，2022：7.

效性。引导大学生崇尚科学精神，树立远大理想，培育劳模精神、劳动精神和工匠精神。帮助大学生提高发现问题、分析问题和解决问题的能力，让大学生树立创新意识，提高创新能力。要使大学生敢于提问、善于质疑，学会发现并善于分析和解决新事物、新问题，通过课堂教学锻炼大学生勤于思考、善于观察与发现事物本质规律的能力，通过在实践中探索提高认识水平和思想认识水平。

（一）让大学生崇尚科学精神

崇尚科学精神就是尊重自然、敬畏自然。引导大学生从对自然界的敬畏和向往开始，激发他们探索自然的兴趣，让大学生懂得尊重知识、崇尚科学，从而在劳动过程中培养出一种认真严谨、实事求是的科学态度。在实践中对一些生活常识进行科学论证，从而加深对事物本质规律的认识。例如，必须从自我做起保护生态环境，否则就会在不知不觉中失去生存发展的空间。教育引导大学生热爱自然、珍惜资源、爱护大自然是人类生存和发展的需要。

教育更重要的是通过言传身教对大学生潜移默化地进行教育和影响。因此，对大学生进行全面发展教育时应该充分肯定劳动与创造在人类发展中具有重要意义。要引导大学生养成勤劳节俭、自强不息、艰苦奋斗等良好品质，让他们明白只有辛勤工作才能创造美好生活。同时，还应培养大学生树立为国家富强、民族振兴而奋斗终生的意识。

（二）鼓励大学生树立远大理想

要培养大学生的劳动精神，就要教育大学生树立远大理想，学习那些具有高尚精神境界和远大理想的人的事迹，引导大学生热爱劳动，向往美好生活，树立为人类社会进步贡献自己智慧和力量的崇高理想。

高校劳动教育要引导大学生树立正确的劳动观，只有树立了正确的劳动观才能引导大学生在实践中创造美好生活。高校要通过课堂教学引导大学生懂得只有劳动才能创造世界、造福社会，懂得尊重劳动、尊重创造是个人和社会发展进步之本，教育大学生树立正确的劳动观。通过课堂教学引导他们懂得只有努力学习才能使自己变得越来越好，只有勤奋劳动才能实现人生价值，让他们懂得只有劳动创造才是幸福的根本所在等道理。

（三）培养大学生的问题意识

"发现问题是前提，解决问题是关键。"[①] 在教学过程中，高校教师要善于发现大学生的问题，帮助大学生解决存在的问题，在师生共同发现、共同探讨的过程中，大学生能够得到多方面的启发和锻炼，从而提高自己学习和生活的能力。高校教师可以指导大学生从生活中发现新现象、新问题和新知识。在课堂教学过程中也要培养大学生发现并分析问题、解决问题的能力。通过教学活动和日常生活学习交流等过程，提高大学生发现及分析各类问题的能力和解决实际生活中出现各种疑问的能力。

（四）让大学生树立创新意识

高校要引导大学生树立创新意识，激发他们的创新热情，使他们勇于探索新事物、找出新问题，提高发现问题和分析问题的能力。让大学生通过调查研究、实验、实践和归纳总结等活动，掌握分析事物本质的方法和技能。让大学生学会提出问题、解决问题的思维方法，引导他们从不同角度去思考问题、提出方案，并加以完善和应用。通过启发式教学启发大学生独立思考，鼓励他们积极参与劳动实践，培养其创新精神和动手能力、科学思维能力、观察和解决实际问题的能力、收集与处理信息的能力等。

---

① 中共中央文献研究室. 十八大以来重要文献选编：上［G］. 北京：中央文献出版社，2014：329.

第二节　确立正确的劳动教育人才观

劳动教育是新时代高等教育的重要使命，是培养担当民族复兴大任时代新人的重要途径，是践行社会主义核心价值观的重要途径。而如何培养大学生正确的劳动观，引导大学生形成正确的劳动教育人才观则是实施劳动教育的前提和基础。因此，有必要从中国社会主义初级阶段基本国情出发，用社会主义核心价值观引领和规范大学生劳动实践行为，培养具有高尚道德情操和健全人格品质的时代新人。随着经济的不断发展和人民生活水平的不断提高，人才的培养已成为国家和社会的重要任务。在高等教育中，劳动教育作为育人的重要手段，旨在通过劳动实践培养大学生的动手能力、创新能力、实践能力、合作精神等各方面素质，提高大学生的综合素质和社会适应能力，为国家和社会培养更多优秀的人才。在高校劳动教育育人模式的理念构建中，归于社会化的劳动教育人才观、目标明确的劳动教育人才观、与时俱进的劳动教育人才观是三个重要方面。下面从这三个方面来论述如何确立正确的劳动教育人才观，以推动高校劳动教育育人模式的不断发展和完善。

一、归于社会化的劳动教育人才观

教育的根本目的是培养人。劳动教育是要通过劳动实践帮助大学生形成正确的劳动观，培养大学生爱劳动、善于创造的美好品质，使他们成为有理想、有文化、守纪律的全面发展的社会主义建设者和接班人。

人与社会、个人与集体、人与自然等之间是既相互联系又相互依存的关系。从这个意义上说，人不是孤立地生活在世界上，而是存在于一定社会关系中。社会是人们共同生活的场所，社会产品是人们生存和发展必须依赖的物质资料，因此劳动除具有一般产品生产活动中的使用价值外，还具有其自身所代表的意义，即人们通过劳动创造了社会产品并体现在社会财富上。劳动者除了要生产自己使用的物质资料，还必须把他们所创造的新产品不断地投放到市场中去，才能体现出自身价值。

人是社会关系的总和，个人必须与他人共同生活才能生存。所以说劳动不仅要使人成为自由而全面发展的人，还要使人成为有道德、有文化、有纪律和自觉遵纪守法、负责任而不逾矩的人，这就要求高校以马克思主义理论为指导，正确理解劳动教育在人才培养过程中起到的重要作用。

为了实现这一目的，高校需要引导大学生认识到劳动创造人类社会，并促进人类社会不断发展与进步。在不断改善人类生活条件和丰富人类精神世界的同时更要全面提高大学生自身素质。这就要求高校必须引导大学生树立正确的劳动观和世界观，使他们认识到劳动是创造知识财富的源泉。只有通过积极主动、创造性劳动才能不断为社会提供物质财富和精神财富，并以自己创造出来的财富来回报社会和他人。劳动教育不仅是国家培养社会主义建设者和接班人的重要内容，还是培养大学生创新思维能力、实践能力和劳动精神以及增强民族自豪感与自信心的重要途径。

恩格斯指出："劳动是一切价值的创造者。"[①] 劳动者通过生产劳动把人类的自然力转化为物质力量，从而使自然更好地服务于人类社会，为人类的发展奠定基础。劳动者通过生产劳动把自身内在的精神力量转化为物质力量，进而实现精神与物质相统一。因此，没有创新能力的人就不能真正成为有实践能力的人。在这个意义上，创新是一种能力，而培养大学生创新能力并不只是局限于课堂教学或者从书本再到书本就能实现的，而是要把创新精神和实践能力作为衡量人才素质的标准。所以说，高校劳动教育培养大学生的创新精神和实践能力是一个系统性工程，既需要必要的教育机制保障它健康运行，又需要有效载体来实施。

---

① 中共中央马克思恩格斯列宁斯大林著作编译局. 马克思恩格斯选集：第 3 卷 [M]. 北京：人民出版社，2012：580.

　　劳动作为人的活动具有独特性，这种独特性首先表现为劳动的目的性和创造性。劳动是一种目的性行为，即人们通过劳动创造美好的生活。人们在追求美好生活过程中，往往伴随着创造性行为。"劳动过程的简单要素是：有目的的活动或劳动本身，劳动对象和劳动资料。"①它表明劳动并不只是简单的体力活动或简单的生产产品或者进行生产加工等，而是包含着某种目的。可以说创造性劳动是人区别于动物最重要的标志，人在从事创造性活动过程中所表现出来的能力是高级能力，主要体现能通过自己这种有目的有创造性的活动产生出新事物、新价值和新秩序。

　　人的社会化是个体发展的重要过程，也是个体实现自身价值的途径，其实现途径包括个人的劳动实践和职业实践。劳动实践作为社会化过程中最基本最有效的途径之一，在个体社会化过程中扮演着非常重要且不可或缺的角色。通过劳动实践，大学生能够在与他人的交流合作中学习新知识、新技能，学会组织和管理自己并承担一定责任。在职业活动中，通过工作岗位和活动场所来完成工作任务、履行自身义务和实现自身价值。大学生只有将所学理论知识与工作实践相结合并进行理论指导，才能将知识转化为技能和能力。反之，如果只一味地被动接受知识和技能教育而忽视劳动实践，那么在完成工作任务时就会感到困难。

　　因此，高校在人才培养过程中应充分发挥劳动教育对大学生成长发展过程的重要作用，通过劳动教育促进个体社会化发展和实现自我价值，培养大学生养成良好的行为习惯和高尚的道德品质，提高大学生的学习能力、管理能力和社会实践能力。

二、目标明确的劳动教育人才观

　　教育是一种塑造人的活动，也是一种培养人的活动，不仅要使受教

---

　　①　中共中央马克思恩格斯列宁斯大林著作编译局. 马克思恩格斯选集：第 2 卷 [M]. 北京：人民出版社，2012：170.

育者获得知识技能、发展智力，更要使受教育者具有正确的价值观。劳动教育不仅仅是生产劳动实践，更应追求劳动精神上的独立与自由。

劳动精神上的独立与自由，既包含了劳动者必须具备正确的价值观，又包含了劳动者应该具有高尚的道德情操。高校作为高等教育人才培养中一个重要组成部分，应该承担起其应有之责任，引领和规范大学生形成正确的价值观。在劳动教育中培养大学生拥有正确合理的劳动观，是高校提高人才培养质量、促进大学生全面发展、落实立德树人根本任务、践行社会主义核心价值观以及增强中华民族共同体意识等的重要途径。

同时，高校还应将个人价值和社会价值有机结合起来，并将其置于首位。要引导大学生树立正确的劳动观和积极的世界观、人生观和价值观，并将社会主义核心价值观教育与校园文化建设有机结合起来，将社会责任感和使命担当作为重要任务与课程教学结合起来。如此方能使高校劳动教育为中国特色社会主义事业培养出一批批高素质、高技术技能的大学生，使大学生真正成为有理想、有担当的新时代大学生，为中国特色社会主义事业建设做出更大贡献。

只有树立正确的劳动价值观，才能把个人价值同社会价值结合起来，在自身能力所及范围内承担起对个人、家庭和社会应尽的责任，才能更好地实现个人理想。高校应该将培养大学生正确的劳动观作为重要任务来抓。一是要注重社会实践活动在劳动教育中发挥着潜移默化、润物无声之作用。二是要引导大学生坚持把物质利益和精神利益有机结合起来。三是要鼓励大学生敢于面对生活中的困难挫折。在引导大学生树立正确劳动观方面，要以教育为主导、以实践为载体、以评价为手段、以政策为保障等来做好劳动教育工作。通过教师引导、示范、榜样引领等多种方法，帮助大学生形成正确的劳动观，并将其内化于心、外化于行，培养他们做一个有理想、有作为的新时代大学生。

（一）践行社会主义核心价值观

社会主义核心价值观是当代中国精神的集中体现，凝结着全体人民共同的价值追求，引导着大学生忠于党、忠于祖国、忠于人民。高校劳动教育过程中践行社会主义核心价值观，就是要引导大学生将个人价值和社会价值有机结合起来，使他们在劳动的过程中感受到劳动的价值，进而形成正确的劳动观。在社会实践中践行社会主义核心价值观，就是要引导大学生在劳动实践中培养公共精神、公德意识和责任意识。在日常生活中践行社会主义核心价值观，就是要引导大学生在日常生活中养成良好的行为习惯和道德风尚。只有将社会主义核心价值观内化于心、外化于行的大学生才能真正将其作为自己价值追求的准则，并将这种价值观融入日常生活之中。只有这样才能使高校劳动教育成为一种润物无声的教育活动，也才能真正提高大学生思想政治水平和综合素质。

（二）发挥高校育人功能

正确的价值观应当有助于个人能力和素质、智力和体力、品质和意志等方面得到全面发展，对人类发展具有积极意义。因此，在高校思想政治教育中，引导大学生形成正确的劳动观、价值观，不仅需要认识到个人价值与社会价值之间有着紧密联系，而且还需要将个人价值与社会价值有机结合起来，高校劳动教育正是将个人价值和社会价值有机结合起来的最好载体之一。

高校要在教学过程中特别是在思想政治理论课中融入劳动光荣意识教育，引导大学生树立正确的劳动观。要充分发挥课堂主渠道作用，引导大学生形成良好的劳动习惯。要将社会主义核心价值观教育与校园文化建设有机结合起来，还要开展社会实践活动。高校可通过组织开展参观访问、生产实习、志愿服务等活动促进大学生形成正确的劳动观，提高其参与实践活动的积极性。

总之，高校应站在中华民族伟大复兴大战略高度认识劳动教育的意义，认识到只有培养出一批具有正确劳动观、价值观和良好劳动习惯、具备良好素质品质和坚强意志品质的时代新人，才能为中国特色社会主义事业做出应有的贡献。

（三）培养德才兼备的劳动者

《关于全面加强新时代大中小学劳动教育的意见》强调，把劳动教育纳入人才培养全过程，贯通大中小学各学段，贯穿家庭、高校、社会各方面，与德育、智育、体育、美育相融合，紧密结合经济社会发展变化和学生生活实际，积极探索具有中国特色的劳动教育模式，创新体制机制，注重教育实效，实现知行合一，促进学生形成正确的世界观、人生观、价值观。这一要求是对德智体美劳全面发展的补充和完善，强调了德智体美劳"五育"的协调发展和相互渗透。坚持德智体美劳全面培养不仅是新时代高校人才培养的根本方向和基本要求，而且是贯彻落实党的教育方针的重要内容。

《关于全面加强新时代大中小学劳动教育的意见》对社会、家庭、高校、个人都提出了明确的要求。社会层面，全社会要共同参与，形成一种劳动最光荣的氛围。在家庭层面，要积极引导大学生做一些力所能及的家务事。在高校层面，完善学校管理组织等前提下，建立健全各项考核制度，切实推进劳动教育的落地和发展。多方努力助推劳动教育，这也说明高校人才培养过程中不仅要重视大学生理论知识与能力的培养，还要注重培养他们正确的价值观念、职业道德、行为习惯及高尚的道德品质。这些都是高校人才培养目标中不可缺少的重要内容。

三、与时俱进的劳动教育人才观

劳动是人类的本质活动，不但包含体力劳动，而且包含脑力劳动。中国历来把发展教育与提高劳动者素质联系起来，认为教育必须为生产建设服务，为社会主义建设服务。为了实现这一目标要通过劳动教育来提高大学生素质，把大学生培养成为有理想、有纪律的社会主义事业建设者和合格接班人。

劳动不仅是一种物质创造活动，而且还是一种精神创造活动。在中国从传统农业社会向工业社会转变中，科学技术发展改变了人类社会生产方式和生活方式，以至于人们对劳动重要性的认识发生了变化。现代科学技术改变了人们的生产生活方式，并不意味着物质生产活动和精神生产活动没有必要。无论从理论上还是实践上看，发展教育与提高劳动者素质都具有重要作用，国家制定"科教兴国"战略和实施"人才强国"战略以及建设创新型社会都离不开劳动教育这个重要的基础工作。

从《关于全面加强新时代大中小学劳动教育的意见》中可以看出，坚持德智体美劳全面培养、完善大学生劳动实践制度、强化教学过程管理和考核评价、统筹家庭高校社会资源、构建家庭高校社会协同育人机制，才能形成全社会共同育人大格局。高校要创新实践载体形式，整合利用校内外资源，充分发挥劳动教育课堂教学、专业实践、志愿服务、科研活动等育人功能。高校劳动教育具有多方面的价值，它既能培育大学生艰苦奋斗、吃苦耐劳、热爱劳动等优良品质，又能培养他们的创新精神和实践能力，还能使他们体会到幸福生活来之不易，从而培养大学生正确的劳动观和良好的道德品质。

在高校劳动教育中，应该注重大学生的创新精神和学习能力的提高。首先，高校应该建立和完善学科交叉和跨学科教育机制。高校可以开设跨学科课程和项目，让大学生在多个学科领域进行学习和研究，增强他们的学科交叉和综合能力。其次，高校还应该注重大学生的学习动力和学习兴趣的培养。高校可以开设创新创业课程和实践项目，鼓励大学生参与各种创新活动和竞赛，提高他们的创新精神和实践能力，同时也能增强他们的学习动力和学习兴趣。最后，高校还应该注重大学生的社会实践和社会责任的培养。高校可以开设社会实践课程和社会服务项目，让大学生参与社会服务和公益活动，增强他们的社会责任感和社会服务能力。

劳动是人类生存和发展的最基本、最重要的方式。没有劳动，人类就无法生存；没有劳动，社会就失去存在的意义。因为一切物质财富和精神财富都是通过劳动创造出来的，也只有通过劳动才能体现其价值。从某种意义上讲，只有通过劳动教育才能使受教育者树立正确的劳动观，才能培养他们吃苦耐劳、艰苦奋斗、热爱劳动等优良品质。现在个别大学生中存在着较为严重的享乐主义、拜金主义和个人主义等不良现象和价值观念，从而使他们丧失了艰苦奋斗、吃苦耐劳等优良品质。高校劳动教育正是要让大学生逐渐养成艰苦奋斗、吃苦耐劳的优良品质。

劳动教育是一个过程，是一个伴随人的成长而进行的、长期的过程。高校劳动教育以培养大学生成为一个有道德、有能力的社会成员为目的。大学生在接受劳动教育的过程中，同时还能受到良好的道德熏陶和文化熏陶，从而使大学生具有良好的人格品质和创新精神。相反，如果不对大学生进行劳动教育，只一味地进行知识灌输和技能训练，则会导致大学生缺乏想象力和创新的思维方式。而且由于劳动者在创造物质财富过程中包含了各种各样的创造性活动，因此这种创造活动本身就是一种实践能力，同样具有科学精神和科学思维方式。

劳动教育是实现人的全面发展的重要途径。但在不同历史时期，对劳动教育内容有不同要求。从马克思主义劳动观看，马克思认为，"全部社会生活在本质上是实践的"[①]，同时强调"人们为之奋斗的一切，都同他们的利益有关"[②]。这就是说劳动者都是为了一定社会物质生产目的而进行劳动的。

要培育大学生尊重劳动、崇尚技能的氛围，需要从思想教育的层面来改善社会风气，而不只是高校教育的问题。现代社会是一个职业分工越来越细、劳动关系越来越复杂的社会，如果人们都去崇尚技能、尊重劳动，那么这个社会就会越来越文明。因此，要改变一些人不尊重劳动、不热爱劳动的社会风气，必须要从思想上进行引导。同时，还要从制度层面来完善政策保障，如建立高质量的高校体系和大学生技能等级评价体系，健全普通高等学校开展劳动实践场所建设和资金筹措机制，促进优质教学资源向大学生免费开放等。

人的全面发展是指在德智体美劳等方面的全面发展，这是习近平新

---

① 中共中央马克思恩格斯列宁斯大林著作编译局. 马克思恩格斯选集：第1卷［M］. 北京：人民出版社，2012：135.

② 中共中央马克思恩格斯列宁斯大林著作编译局. 马克思恩格斯全集：第1卷［M］. 北京：人民出版社，1995：187.

时代中国特色社会主义思想的重要内容，也是促进人的全面发展的核心内涵。全社会必须树立正确的劳动观、人才观，形成人人崇尚劳动、人人热爱劳动的良好风气。

第三节　建立正确的劳动教育规划观

劳动教育是一种教育方式，而不是一个教育目标。目前高校虽普遍开展劳动教育，但没有形成合理规范、科学有序的规划与实施体系，导致一些高校和教师没有处理好劳动教育与其他学科或技能训练的关系。高校劳动教育要通过对大学生进行劳动实践和技能培训，培养其劳动意识、劳动技能和劳动习惯，以此实现人才培养的全面发展。正确的劳动教育规划观对于高校的劳动教育育人模式的理念构建具有重要意义。我们可以从总体规划、内容规划、载体规划这三个方面来探讨高校劳动教育育人模式的理念构建中如何建立正确的劳动教育规划观。

一、总体规划

一个以劳动创造和推动历史进步的国家，必将屹立于世界东方。习近平总书记指出："实现中华民族伟大复兴的中国梦，需要一代又一代有志青年接续奋斗。"[1] "每一代人有每一代人的长征路，每一代人都要走好自己的长征路。"[2] 劳动教育是中国特色社会主义教育制度的重要组成部分，是全面发展教育体系的重要内容。劳动教育应与思想道德建设、文化知识教育、技能培养等相结合，整体规划，协同推进，促进大学生形成正确的劳动观点、态度和价值观。

---

[1] 习近平. 在知识分子、劳动模范、青年代表座谈会上的讲话 [M]. 北京：人民出版社，2016：11.

[2] 习近平. 习近平谈治国理政：第2卷 [M]. 北京：外文出版社，2017：48.

中国特色社会主义进入新时代，面临着实现中华民族伟大复兴中国梦的历史任务，劳动精神也有了新内涵。而对大学生进行劳动素养评价是有效落实劳动教育的重要途径之一。对大学生开展劳动素养评价需要进一步转变观念，坚持立德树人原则，科学设计评价内容，细化评价指标体系，遵循正确的价值导向等，而这些都需要高校根据时代特点和大学生专业特点探索建立一个符合大学生成长规律和实际需要的劳动素养评价体系。

（一）加强大学生劳动教育的政治导向

"导向即对社会发展趋势和人的思想行为的价值性主导和倾向性引导。"[①] 教育的根本目的是培养德智体美劳全面发展的社会主义建设者和接班人，培养有理想、有纪律的一代新人。高校劳动教育目的在于培育大学生正确的价值观、良好的道德品质、健全的人格品质。习近平总书记指出："把立德树人作为教育的根本任务"[②]，"我们党立志于中华民族千秋伟业，必须培养一代又一代拥护中国共产党领导和我国社会主义制度、立志为中国特色社会主义事业奋斗终身的有用人才"[③]。

高校劳动教育是全面发展教育体系中不可缺少的环节，是实现立德树人目标不可缺少的载体，是大学生健康成长和全面发展不可缺少而又无法取代的教育环节。中国的劳动教育主要方式为实践活动，通过实践活动帮助大学生树立正确的劳动观，实现立德树人目标。劳动教育单靠实践活动很大程度上忽视了对大学生思想道德素质、文化知识水平、技能水平及健康心理等方面因素的全面考量。

随着社会的发展，劳动教育在育人目标中的地位逐渐凸显。习近平总书记指出："要把立德树人融入思想道德教育、文化知识教育、社会实践教育各环节，贯穿基础教育、职业教育、高等教育各领域，学科体系、教学体系、教材体系、管理体系要围绕这个目标来设计，教师要围

---

① 熊建生. 思想政治教育内容的逻辑建构 [J]. 思想理论教育，2014，418（2）：18.

② 习近平. 习近平谈治国理政：第4卷 [M]. 北京：外文出版社，2022：339.

③ 习近平. 习近平谈治国理政：第3卷 [M]. 北京：外文出版社，2020：328-329.

绕这个目标来教，学生要围绕这个目标来学。"①

2020 年 11 月 24 日，习近平总书记在全国劳动模范和先进工作者表彰大会上明确指出："把劳动教育纳入人才培养全过程，贯通大中小学各学段和家庭、学校、社会各方面，教育引导青少年树立以辛勤劳动为荣、以好逸恶劳为耻的劳动观，培养一代又一代热爱劳动、勤于劳动、善于劳动的高素质劳动者。"②

高校要认真贯彻落实习近平总书记提出的"五育并举"要求，坚持用习近平新时代中国特色社会主义思想铸魂育人，把劳动教育纳入人才培养全过程，必须把立德树人作为根本任务，切实提高学生的综合素质和能力。社会主义核心价值观包括富强、民主、文明、和谐，自由、平等、公正、法治，爱国、敬业、诚信、友善二十四个字，它既有明确的价值取向，又有历史的传承发展，还要面向未来、面对世界。因此，高校劳动教育的首要任务是通过劳动教育引导大学生树立正确的劳动观和价值观。同时，也要把培育和践行社会主义核心价值观作为开展劳动教育的根本任务。高校要通过深入开展劳动教育，不断强化大学生对国家富强、民族振兴、人民幸福等理想信念的认知，引导大学生理解并掌握劳动精神内涵和劳动实践。高校要充分发挥劳模、工匠等先进人物在劳动教育中的示范作用，要引导大学生崇尚劳动、热爱劳动。

高校劳动教育包括日常劳动、生产劳动和服务性劳动，其中的职业劳动具有直接现实性。所谓直接现实性，就是指任何一种实践活动，都有其相应的价值和意义。人类社会发展的实践活动，都具有自身特定的价值。从某种意义上说，高校劳动教育是促进人的全面发展的重要手段和途径。高校通过对大学生进行专业教育、劳动教育等，可以使大学生掌握一技之长，能够从事与自己所学专业相关的工作。因此，高校劳动教育的政治导向就是要始终坚持中国共产党的领导，明确为党育人、为

---

① 中共中央党史和文献研究院. 十九大以来重要文献选编：上 [G]. 北京：中央文献出版社，2019：653—654.

② 中共中央党史和文献研究院. 习近平关于注重家庭家教家风建设论述摘编 [G]. 北京：中央文献出版社，2021：20.

国育才的使命和担当。遵循教育的本质和发展规律，更好地服务于中国式现代化国家的建设，培养中华民族伟大复兴历史征程的建设者和接班人。

（二）涵育大学生劳动教育的文化基因

党的十八大以来，以习近平同志为核心的党中央在面临世界百年未有之大变局的国际局势下、在面临社会主要矛盾已转变为人民日益增长的美好生活需要和不平衡不充分的发展之间的矛盾的局势下，深刻围绕劳动观、劳动精神等存在的问题以及它们的内在规律，对新时代高校劳动教育做出了深刻而又系统的解析，逐渐形成了新的劳动教育观。在优秀的中华民族传统文化、革命文化、社会主义先进文化以及世界多元文化影响之下，高校劳动教育的素材更加丰富。

丰厚的文化底蕴是中华民族之魂，是中华民族屹立于世界民族之林的强大基石。回首中国的劳动教育发展之路，优秀的文化基因为中国的劳动教育观提供了重要的基础。中华优秀传统文化为劳动教育提供了丰富的历史基础和充足的养分，革命文化则点燃了劳动教育的前行之路。马克思主义劳动观是命脉，中国共产党历代领导人的劳动观为劳动教育提供了理论平台。劳动精神在中华民族灿烂的大地上有着丰富的文化根基，时代精神的生动体现，是社会主义先进文化的重要内容，也是劳动教育的重要载体。从尊重劳动、尊重劳动者到劳动最光荣、劳动最崇高、劳动最伟大、劳动最美丽再到以劳动托起中国梦等，都说明了劳动教育在中华优秀传统文化的影响下，拥有了十分强大的生命力。因此，高校劳动教育涵育大学生文化基因显得尤为重要。

（三）发挥劳动教育的社会协同功能

习近平总书记指出："我们的工会、共青团、妇联等群团组织是党直接领导的群众组织，承担着组织动员广大人民群众为完成党的中心任务而共同奋斗的重大责任，必须把保持和增强先进性作为重要着力点。"①《关于全面加强新时代大中小学劳动教育的意见》指出，工会、共青团、妇联等群团组织以及各类公益基金会、社会福利组织要组织动员相关力量，搭建活动平台，共同支持学生深入城乡社区、福利院和公共场所等参加志愿服务，开展公益劳动，参与社区治理。高校劳动教育要充分发挥群团组织和社会组织之间的相互合作，同时积极发动倡导社会公司、企事业单位发挥自己的社会责任感，为大学生开展公益劳动提供社会实践基地。

二、内容规划

高校劳动教育育人模式的理念构建不仅需要总体规划，还需要内容规划的支持。针对不同专业的大学生，需要建立有针对性的课程体系，以满足大学生不同领域的实践需求。在内容规划中，应当考虑到大学生的专业方向、学习背景和实践能力，制订相应的劳动教育课程计划，包括理论教学和实践操作。同时也要强调对大学生劳动技能的培养，劳动技能的培养是劳动教育的重要内容之一，高校可以通过开设相关技能培训课程、组织实践项目、举办技能比赛等方式，促进大学生劳动技能的提高。还要促进综合素质的提升。在内容规划中，应当加强对大学生综合素质的培养，包括创新思维、团队协作、沟通能力等方面，使他们能够在未来的职业发展中更具竞争力。

（一）强化主体责任，彰显劳动之美主旋律

《关于全面加强新时代大中小学劳动教育的意见》指明了各级党委和政府的工作职责，强调各级政府要在重点工作中明确列出劳动教育的内容，推动建立劳动教育实施的有效机制。地方各级党委要认真贯彻落实国家关于大学生劳动教育的总体部署，以政府文件的形式明确各方责

---

① 习近平. 习近平谈治国理政：第 2 卷［M］. 北京：外文出版社，2017：308.

任。政府要将劳动教育作为重点工作予以支持，做到真研究、真重视、真保障。

教育要适应人的发展，不能违背学生身心发展规律。高校应该明确自己的主体责任，高校有责任把教育规律告诉大学生，而不是仅仅按照自己的想法去制定教育方案。针对大学生群体，新时代高校劳动教育要遵循大学生的特征和发展特点，量身定制。

随着中国经济社会的发展、科学技术水平的提高，对于大学生而言，一个人能够处理多学科问题将成为可能。而大学生对知识的掌握程度较高，具备一定的学习能力，从大学开始进行综合实践活动、研究性学习、劳动教育等将成为可能并能取得较好效果。

（二）优化资源供给，形成劳动教育保障机制

高校劳动教育要取得扎扎实实的成效，需要各级政府与高校共同努力，在遵循教育规律的前提下，利用政策支持来捍卫高校劳动教育的重要位置，以此来推进具体工作。政府还要不断地强化政策性文件的权威性、政治性以及它的法治力度，通过出台相关政策鼓励社会组织和单位积极参与，为高校劳动教育贡献自己的社会力量。比如为高校劳动教育提供开放性劳动教育场所，搭建劳动教育实践平台，以此来帮助大学生提高自身劳动技能、积累实践经验。

建立社会资源支持开发共享机制，各级政府统筹规划劳动教育实践资源，以此来满足高校多样化的实践需求。高校结合大学生具体情况，在学校内部作出规划，一是尊重学生身心发展规律，如科学设计劳动技能教学内容和环节，了解不同年龄阶段学生特点，掌握正确技能要领和操作方法。注重培养大学生良好的学习习惯、劳动习惯等。二是根据大学生身心发展特征、学习方式特点、认知能力特点等有针对性地开展劳动教育实践活动，做到因需而育。根据不同年龄阶段大学生对知识、技能有不同需求而制定有区别的教育目标与计划，根据每个阶段大学生的实际情况循序渐进地开展各类主题实践活动。三是尊重大学生身心发展规律、认知能力特点和发展水平。遵循大学生身心发展规律是做好新时

代劳动教育工作的基础保障之一。

高校劳动教育的实质是大学生通过积极地参与生产活动，在体验中掌握生产知识和技能，学会创造性地使用各种劳动工具，并在此过程中培养大学生的责任意识、创新精神和实践能力。随着经济的发展与科技的进步，未来社会不再需要单一专才，而是需要综合素养高、创新能力强、视野开阔、有健全人格、能独立生活、有实践能力和国际眼光的全面发展型人才。因此，高校劳动教育不仅是对学生进行劳动技能训练，更重要的是使大学生成为具有独立精神、自主能力和实践能力的劳动者。

高校劳动教育是一种全新的教育理念和方式，要将劳动教育作为国家战略来抓。通过加强顶层设计和系统谋划，将高校劳动教育纳入人才培养体系之中。制定以正确劳动观为引领的高校劳动教育体系建设方案，让大学生养成良好的劳动习惯与品质，为他们今后走向社会打下坚实基础。

（三）明确教育目标，助力劳动教育精准发力

劳动是人类一切活动的基础，是教育的核心。劳动教育不仅是全面发展的基础，而且也是实施素质教育的重要环节。高校要深入理解劳动教育的内涵、精神实质以及它在素质教育中的地位与作用。劳动作为人类社会实践活动的基本方式，深刻地影响着人们生活的方方面面，对整个社会发展和历史进步都具有重大作用。随着现代科技的发展，知识在不断更新、应用越来越广，生产技术越来越高，人类对物质和精神的需求也随之增加，但很多时候人们又不得不付出较高代价来满足自己生活所需，这就需要我们增强创新意识和创造能力，提高技术素质和人文素养。新时代加强高校劳动教育就是要培养学生热爱劳动、尊重劳动者的精神品格。在教育目标上，要把握好"五育"之间的关系，德智体美劳是高校教育的五个基本方面，每一方面都有各自的育人目标，每一方面都具有自身的价值。在高校教育中，任何一个学科课程的设置和教学活动的安排都是围绕"五育"来进行的，这是教学活动安排过程中必须把握

好的关系。

"五育融合"最大的难点在于如何把它落实到高校教育实践中去，如何把"五育"落实到实践中去。高校劳动教育应该成为"五育融合"发展和落实最重要的内容。劳动教育也应该成为各学科课程与活动设计必须考虑到的，并能与之融合，而不是游离于各学科之外，或是游离于活动之外。高校在制定新教材和进行相关教学活动安排时，应充分体现这一点。

同时，要努力将劳动教育落实到每一所高校中去。为了落实这一目标，就需要进行相应培训和指导，让每一位高校教师都了解和掌握有关劳动教育的知识、方法和技能，再把方法和技能教给学生。要在高校中形成一个教、学、做一体化体系，这就需要做好具体安排，把劳动教育作为高校整体工作予以规划设计并具体实施。

高校劳动教育是一种重要的教育方式，其根本目的就在于培养大学生形成良好的劳动习惯，使他们在今后的工作、生活和社会实践中能够树立正确的劳动观念，形成良好的劳动品质和正确的劳动态度。因此，加强和改进高校劳动教育，引导大学生参加力所能及的体力劳动，让他们通过自己亲手创造、经历、实践去了解世界和社会，拥有更加开阔的视野和更强的社会适应能力。

高校在实施"五育"过程中加强劳动课程建设是至关重要且刻不容缓的，只有通过加强劳动课程建设才能有效地实施"五育并举"。同时，高校在安排课程时也需要将劳动课程纳入其中以保障全面发展教育目标的顺利实现。

人才培养是一个系统的过程，包括知识技能、品德修养和身心发展等各个方面。高校劳动教育是促进人全面发展的重要环节，是德智体美劳"五育"中的基础，在大学生的培养过程中处于重要地位。在个人层面，高校劳动教育能够培养大学生热爱劳动、崇尚劳动，让他们认识到劳动光荣，树立正确的世界观、人生观和价值观。在家庭层面，高校劳动教育能让大学生体会到父母长辈抚养自己成长的不易，理解并尊重父母长辈们的付出。通过家务活的培养，可以帮助大学生树立正确积极的家庭观念；通过家庭活动，可以增进亲子关系。在高校层面，高校劳动教育能使大学生认识到高校是知识技能获取、品德养成和身心发展等各方面工作顺利开展的基础平台。在社会层面，高校劳动教育能够促进社区和高校共同发挥教育作用、形成育人合力。此外，大学生参加社会实践、志愿服务等活动是践行"劳有善治"理念，也是培养大学生公共参与意识和公共责任意识的重要途径。

三、载体规划

高校劳动教育是实现"五育"的重要载体。德智体美劳是构成大学生全面发展的基本要素，"五育"之间相互联系、相互促进，共同构成教育目标的整体。"五育"中劳动教育具有独特的育人价值，是其他"四育"贯彻落实立德树人根本任务，实现高校培养什么人、怎样培养人这一根本问题的关键。高校劳动教育要发挥其独特优势，才能成为落实立德树人根本任务的有效载体。高校劳动教育要把促进大学生全面发展作为目标，以实践为基本途径，把国家要求、社会需要、高校特色有机结合起来，通过劳动实践让大学生经历完整的社会化过程。高校劳动教育要遵循大学生成长规律和受教育者自身发展特点与需求，既要充分发挥高校教师在实施中的主导作用和专业优势，也要激发大学生内在需求和内在动机；既要充分发挥高校在实施中的主导作用和专业优势，也要调动家庭、社会积极参与。

高校教师是教育教学的组织者和实施者，是实施劳动教育的中坚力量，教师是劳动教育的重要主体，具有独特的职业优势。劳动教育以体力劳动为基础，培养学生辛勤劳动、诚实守信、勤劳勇敢、团结合作等优良品质。高校教师在整个劳动教育过程中具有主导作用，决定着大学生将学到什么、收获什么。在高校劳动教育中，高校教师既是参与者也是主导者。要充分发挥高校教师在整个过程中的主导作用和专业优势，选择符合大学生身心发展规律和成长需要的内容与方式，开展科学有效的劳动教育。高校教师在课堂上要坚持以生为本，了解每个大学生的特点和需求、大学生参与劳动教育的主动性和积极性。高校教师在课堂上应该善于启发引导让大学生自己发现问题。高校教师也应当以身作则发挥示范引领作用，通过课堂上以点带面的方式带动其他大学生积极参与到活动中来提高学习兴趣、培养创新意识。

大学生作为一个完整的个体，其身心发展具有自身的特点和规律，如年龄、性别、性格、气质等。人的内部需求有很多种，从需求层次理论看，包括生理需求、安全需求（如食物、衣服等）以及归属和爱的需求（如友谊、爱情），其中生理需求是基础，其他需求是派生的。随着年龄的增长，大学生对物质和精神上的需求也会相应增加。马斯洛需要层次理论认为，人在不同阶段有不同的需求。

马斯洛认为情绪或情感对满足生理需求和安全需求极为重要，大学生作为一个完整而独立的个体需要被满足时能够产生积极情绪或体验到满意感，如果未能被满足就会产生消极情绪或体验到不满意感甚至带来挫折感。因此，要在劳动教育中满足大学生内在需求和内在动机，促进他们积极主动地去学习和实践。同时要注意劳动教育目标取向，如将培养大学生热爱劳动、尊重劳动人民，帮助大学生树立正确的劳动观作为总目标，通过劳动教育把培养大学生热爱社会和生活进而实现德智体美劳全面发展作为最终目标。

家庭教育是人生第一课堂，父母是大学生的第一任老师，劳动教育也不例外。父母要重视家庭劳动教育的意义，以身作则，在日常生活中教导大学生热爱劳动、热爱学习并健康快乐地成长。同时要注重培养大学生良好的劳动习惯和生活技能，如学习洗碗、整理房间、照顾花草等。高校要创造机会让大学生参与社会服务与公益活动等，使其在实践中懂得为人民服务的重要意义，培养关爱他人、热心公益的良好品质。在此过程中让大学生认识到自己也是社会的一员，提高他们的社会责任感。

家长还应该配合高校对大学生进行劳动教育的指导，一方面家长可以让大学生在家做一些力所能及的事情（如买菜做饭等）；另一方面家长应鼓励大学生在课余时间参加社会实践活动和志愿服务活动，如利用寒暑假到敬老院帮助老人打扫卫生等。另外还要注意不要让大学生过分沉迷手机游戏和电脑。

在家庭环境中积极营造良好氛围。父母要以身作则，并对大学生进行正面引导，使大学生学会尊重他人、爱护环境、努力奋斗。家长应与高校密切配合，积极参与到劳动教育中，不能只是把劳动教育看成是高校教师的事情。家长还应该注重培养大学生在家庭中的责任意识和独立精神及自我管理能力，要尽可能为大学生创造劳动条件和实践机会，进而使大学生养成良好习惯。

高校劳动教育与大学生综合素质提升、创新精神和实践能力发展有着密切的关系，这就要求家庭、高校和社会共同发挥作用。家庭是大学生成长的第一环境，家长是大学生最好的老师，要以言传身教为主。大学生的思想、行为受到家庭影响比较大。家长要为大学生做榜样，要对大学生进行劳动教育，让大学生懂得劳动是什么、劳动有何意义、怎样去劳动。这样就能对大学生起到一个好的引导。高校是教育人的地方，有责任进行劳动教育活动，包括开设各种课程，教授大学生知识技能，等等。但是在社会中存在着许多不利于大学生全面发展、综合发展的因素，因此高校要培养大学生形成良好的思想品德和职业道德，使大学生在日常学习生活中树立正确的劳动观念、态度和习惯；帮助大学生掌握一定的劳动技能，培养大学生认真负责、吃苦耐劳、积极进取的良好品质；在课外校外活动中认识和体验劳动人民创造美好生活的艰辛和乐趣，让大学生感受到幸福生活是靠辛勤劳动创造出来的。

实践能力的培养也是重中之重。实践能力包括动手实践能力和创新精神。高校劳动教育是培养大学生实践能力的主要途径。高校劳动教育可以促进大学生掌握基本的劳动技能，通过在劳动中与他人协作，能够使大学生体验到合作共赢的乐趣。而创新精神是指对事物和问题有独到的见解或创造性的解决方法，大学生要在劳动教育中进行创造性探索，发扬创新精神。

社会是个大学校，要积极引导大学生参加志愿服务、公益活动等社会实践活动。通过媒体宣传报道身边好人好事、道德模范等先进典型事迹，组织大学生参观体验博物馆、科技馆等公共文化设施等，能在不同程度上影响大学生的价值观。

高校要把劳动教育纳入人才培养方案和教学计划，并有机融入各学科课程之中。要开好"五育"相关课程，结合学科教学组织开展劳动教育。要帮助大学生明确学习目的，使大学生在学有所获中体会到劳动对于个人、家庭和社会发展的重要性。高校要帮助大学生掌握科学知识与技能方法，建立科学合理的学习目标和学习计划。高校要通过安排课外活动时间开展专题讲座、社会调查等方式为大学生提供丰富的实践机会。高校要根据不同学段特点有针对性地组织开展形式多样、内容丰富、与生活关联紧密的校外实践活动。因此，高校在开展教学活动中应充分挖掘整合社会资源及各类教育资源。高校要组织开展丰富多彩的校内实践活动，拓宽社会实践领域，充分利用社区资源开展实践教学活动。高校劳动教育育人模式的理念构建需要构建多元化的劳动教育载体，包括高校实验室、社会实践基地、企业实习基地、创客空间等。在载体规划中，应当注重劳动教育的实际效果，强化实践环节的设置，使大学生能够真正地将所学知识应用于实践。

第四章　高校劳动教育育人模式的资源构建

　　劳动教育是中国共产党的教育方针的重要内容，是实现"五育并举"、全面发展人才的重要途径。当前高校劳动教育存在重视程度不够、实施手段单一、考核体系不完善等问题。高校劳动教育育人模式的资源构建，要体现以人为本，以大学生为中心的原则。高校要循序渐进，整合优化各种教育资源，体现价值引领，激发大学生学习劳动知识和技能的兴趣。此外，高校还要突出实践性原则，强化大学生劳动实践。

　　2016 年 12 月 7 日，习近平总书记在全国高校思想政治工作会议上强调："要坚持把立德树人作为中心环节，把思想政治工作贯穿教育教学全过程，实现全程育人、全方位育人，努力开创我国高等教育事业发展新局面。"[①] 高校是人才培养和知识创新的重要基地，对大学生进行劳动素质培养是实现立德树人目标的内在要求。应充分发挥劳动教育在人才培养中的作用，将其作为大学生思想政治教育的重要载体与途径。

第一节　融通劳动教育资源构建的模式

　　2020 年 3 月 20 日，中共中央、国务院印发了《关于全面加强新时代大中小学劳动教育的意见》，要求全面加强新时代大中小学劳动教育。

---

① 习近平. 习近平谈治国理政：第 2 卷 ［M］. 北京：外文出版社，2017：376.

坚持教育与生产劳动和社会实践相结合，因地制宜地选择劳动项目和活动载体，在校内课后服务中安排劳动实践。在此基础上，高校还需要挖掘周边资源、搭建广阔的平台，并充分发挥校园、家庭和社会三方面劳动教育的功能。这种形式与以往高校开设劳动课并没有本质不同，但是与大学生实际生活和发展需要相比却具有更高要求。

一、多维并进的教学设计

《关于全面加强新时代大中小学劳动教育的意见》强调，关于劳动教育课程体系的内容包括构建德智体美劳全面培养的教育体系，形成更高水平的人才培养体系。在大中小学设立劳动教育必修课程，将劳动素养纳入学生综合素质评价。深化高校创新创业教育改革，强化学生创新精神和实践能力培养，推进大中小学劳动实践基地建设，鼓励高校和企业开放实验（实训）中心等实习场所。将生产劳动和社会服务作为重要内容，大学生参与生产劳动和社会服务的情况应纳入考核评价体系。

高校设立劳动教育必修课程，是开展特色劳动教育课程的基本前提。鼓励大学生通过课程学习，树立"科学技术是第一生产力"[①]观念。充分利用现代信息技术，开发劳动课程资源、进行科学研究。通过实践教学环节，培养大学生从事科技研发等方面的基本技能，培养其创新能力。将科学研究与创业实践相结合，引导大学生在做中学、学中做，全面提升大学生自主学习能力和创新能力。总之，通过开展特色劳动教育课程，帮助大学生树立正确的职业观、就业观和创业观，全面提升大学生综合素质。

（一）建立科学的劳动教育体系

高校劳动教育体系包括劳动教育制度、教育内容、实践场所、组织形式等多个方面。在教育制度方面，高校应将劳动教育纳入人才培养体

---

① 中共中央文献研究室. 十七大以来重要文献选编：上［G］. 北京：中央文献出版社，2009：498.

系，并在人才培养方案中明确各学段劳动教育目标和要求，同时完善劳动教学内容，将理论知识学习与劳动实践锻炼相结合，使大学生树立正确的劳动观。在实践场所方面，高校应充分利用校内资源构建不同类型实践教学场所，包括专业技术型实践教学场所和常规服务型实习实训基地。专业技术型实践教学场所主要包括校内实训室、科研基地、实验基地和校内外实训（研）基地，常规服务型实习实训基地主要包括校内外生产经营服务实践教学基地或实习实训基地。在组织形式方面，高校应充分发挥辅导员的作用，同时动员和组织大学生积极参加公益服务、社会志愿者活动等。可从以下四个方面建立科学的劳动教育体系。

第一，要在高校各院系中建立符合新时代劳动教育要求的规章制度。各院系应制定切实可行的学生劳动教育实施方案并且建立科学有效的考核评估体系与监督机制，同时根据各院系实际情况制定相应的考核评价制度与激励机制。

第二，要根据不同专业特色制定不同类型课程设计方案和实施细则。首先，应在思想道德与法治等思想政治理论课中纳入丰富的马克思主义劳动观内容。其次，应将专业课程中体现劳动教育理念的内容作为重要依据，制定教学大纲并制订详细的课堂教学计划。再次，应在理论课程中突出马克思主义劳动观方面的内容。最后，应将日常生活劳动、生产劳动和服务性劳动等内容纳入课堂教学计划中。

第三，要引导大学生参加校内外劳动实践活动。一方面鼓励大学生通过勤工俭学或以社会服务方式进行实习实训，另一方面应完善校内大学生参与社会公益事业的帮扶机制、参加志愿服务活动机制。

第四，要加强对大学生劳动实践活动的考核评价。高校应结合实际情况建立并完善以实践教学课时比重为标准、以考核成绩为主要依据、大学生综合素质评价与实践活动挂钩的综合评价体系，同时建立大学生参加劳动实践活动的管理责任追究制度和奖惩制度等。

（二）制定合理的教学目标

高校劳动教育是综合育人式教育，其教育目标不仅在于提高大学生的劳动能力和劳动品质，还在于培养大学生正确的劳动观、职业态度和良好的劳动品质，为其终身学习打下良好基础。这就要求高校必须以社会主义核心价值观为引领，在人才培养中融入思想政治教育的元素。

第一，在思想政治教育课程中加强马克思主义劳动观教育。马克思主义劳动观是以马克思主义关于人类社会发展规律为依据的世界观和方法论，它所揭示的人类社会发展规律，体现了人与自然、人与自我以及社会内部矛盾运动所共同形成的基本原理与原则。马克思主义劳动观不仅丰富了马克思主义关于人类劳动的理论体系，而且为当前世界面临的重要问题提供了解决方案。因此，高校应将加强马克思主义劳动观教育作为思想政治教育课程的重要内容之一。

第二，加强专业课程中劳动教育内容建设。专业课程是培养大学生劳动知识、劳动技能和劳动素养最直接、最有效的途径。高校应重点建设职业技术类课程体系与教学内容，以加强大学生对劳动价值认知和对职业发展前景的展望。坚持专业课中融入职业道德和职业规范培养原则，通过邀请劳动模范等先进人物进校园或办讲座、邀请优秀校友回校做报告等方式大力弘扬劳模精神、工匠精神。

第三，建立健全专业实践教学体系。高校应将强化实践教学作为建设"双一流"专业和提升专业人才培养质量工作重要任务来抓，鼓励大学生选择与劳动相关的毕业设计论文引导其向社会需求方面转化。在教师队伍建设方面强化对实践能力强、理论知识扎实的师资队伍培养，以充分发挥其在实践教学中的重要作用。同时逐步推进本科专业建设与改革，为大学生提供更多校外实习机会或者在校内实训基地进行实习，强化大学生创新创业能力培养和就业指导培训等工作，引导大学生积极参与社会公益事业和志愿服务活动等。

第四，完善校内劳动教育课程体系建设。高校应依托校内资源建设丰富多样的校内劳动教育课程体系，其中包括在职业劳动教育课程和专业基础课程中涵盖劳动观、职业规范以及职业道德的内容。

第五，推进校企合作为大学生搭建实习实训平台。高校应积极与企业合作共建实习实训基地或者校内实践教学基地。一方面为企业培养具备生产实践能力和动手能力的人才，另一方面通过社会实践活动来锻炼学生组织管理、沟通协调等能力。此外，高校还可以采取与企业联合建设校外实习实训基地等方式为大学生提供更多实习实践机会。

第六，建立一批校企合作共建的劳动教育示范基地或者劳动教育实践基地。校企合作是现代高等教育发展过程中人才培养模式创新发展出来的重要经验和有效路径。高校应充分发挥专业和学科优势，积极与企业、行业协会以及相关机构开展校企合作共建劳动教育示范基地或实践教学基地。同时依托校内实习实训资源优势，设立专项经费或专项基金，开展校企共建劳动教育示范基地建设工作。鼓励各高校结合自身实际情况选择与企业合作共建实习实训基地、实践教学基地或学生校外实习工作岗位等方式开展合作办学工作。

教学目标是对大学生学习活动的期望，是教学活动开展的方向和指引。合理的教学目标是高校开展劳动教育工作的前提条件，也是保证人才培养质量的重要手段。一是要提高认识，加大对劳动教育重要性的宣传力度，让大学生认识到劳动教育对于个人全面发展和国家建设发展具有重要作用。二是要结合实际制定合理有效的教学目标，不仅要能引导大学生进行科学实践活动并对其进行客观评价，还要能让大学生形成正确的劳动观和职业观。三是要明确劳动教育目标所规定的教学任务主要由高校教师承担，要充分调动广大高校教师参与劳动教育工作的积极性。四是要结合学科特点和专业特色制定教学目标，保证大学生可以通过学习获得有效能力提升和职业发展。五是将劳动教育与第二课堂活动相结合。高校可以通过开展大学生职业生涯规划大赛、校园科技文化节等活动来促进大学生全面发展，并帮助他们明确自身在大学期间想做什么、该做什么和能做什么。这不仅可以培养大学生专业技能水平和创新能力，还能让他们通过对自己兴趣爱好的探索过程来树立正确的职业价值观，让其明白大学期间能够学会一项技能或者掌握一门技术的重要性等，最后通过参与校园文化建设活动也能够培养大学生团结协作意识以及实践创新能力。

（三）强化劳动教育课程和师资队伍建设

各高校要根据《大中小学劳动教育指导纲要（试行）》的要求，将劳动教育融入人才培养全过程，研制劳动教育课程方案，建立劳动教育课程标准，确保开设的相关课程均能落实国家对于劳动教育的要求。要开设专门的劳动课。高校劳动教育课已成为"三全育人"过程中不可或缺的重要环节。各高校要发挥自身优势，将提高大学生马克思主义劳动观以及工匠精神等素养作为授课重点，同时开设专门的劳动课。高校应设立通识教育课以强化其劳动教育引导作用，突出其专业特色而设置相关专门的课程。

此外，还要提升高校劳动教育教师专业化水平。一要加强教师队伍建设，积极探索建立双师型劳动教育师资培养模式，推进高校、高职院校和中小学等不同阶段劳动教育教师的横向交流与合作。二要加强教师培养。各高校应将劳动教育纳入教师专业能力培训体系，鼓励其积极参加全国、全省优秀劳动实践案例评选，参与社会实践活动，并将其纳入职称评聘考核体系。三要加强管理服务体系建设。各高校要结合自身实际建立劳动教育教师管理服务机制，落实落细国家有关高校劳动教育工作要求，并配备有经验的专职劳动教育教师，设立专门的劳动教育指导机构，制定完善的管理制度。

同时要注重提升高校劳动教育教师的职业认同感和自豪感。高校教师对劳动教育课程的认同和情感体验是落实《大中小学劳动教育指导纲要（试行）》和劳动教育教学的重要条件。一方面，各高校要为教师搭建一个自我展示、交流、提升的平台，如将教师参加相关竞赛获奖作为评优依据等；另一方面，在日常教学中要向大学生传授劳动知识和劳动技能，强化他们对劳动教育课程重要性的认识，提高教师的职业认同感和自豪感。

二、目标明确的教学方式

为了实现特色劳动教育课程资源的研发，教学方式也非常关键。目标明确的教学方式，能够帮助学生更好地理解和掌握课程内容。同时，针对不同层次和不同需求的大学生，采用不同的教学方式也是非常必要的。在研发特色劳动教育课程资源时，目标明确的教学方式能够帮助大学生更好地理解和掌握课程内容，提高他们的学习效率。当前，高校劳动教育的教学方式主要有以下三种：一是组织大学生到生产劳动和服务性场所参与社会服务活动；二是开设勤工助学课程，并在实践中组织大学生从事一定的生产劳动；三是开设新时代劳模工匠特色课程，并依托高校专业优势对大学生进行实践渗透。开展形式多样的劳动教育活动，需要从以下四方面着手：第一，通过丰富多彩的活动形式激发大学生对劳动教育的兴趣与热情，吸引大学生参与其中，培养大学生对劳动教育的认同感；第二，在校园内形成良好的学习氛围来推动大学生参与劳动实践活动；第三，结合专业特点开发具有专业特色和高校特色的课程资源与教学体系；第四，构建劳动育人文化环境氛围来深化大学生对劳动教育的价值认识与认同。不断探索和创新具有鲜明时代特征的新时代劳动教育模式与方法，以下是一些可供参考的目标明确的教学方式：

一是采用问题导向的教学方式。这种方式可以帮助大学生更好地理解课程内容，同时还能培养他们解决问题的能力。高校教师可以将课程内容与实际问题结合起来，让大学生在探究解决问题的过程中理解课程内容。二是采用交互式的教学方式。这种方式可以激发大学生的学习兴趣，提高他们的学习效率。高校教师可以通过讨论、小组活动、演示和实验等方式来促进大学生之间的互动，从而激发大学生的学习兴趣和主动性。三是采用多元化的评估方式也是目标明确的教学方式之一。传统的考试评估方法不能全面评价学生的学习成果，也不能激发学生的学习动力。因此，高校教师可以采用多元化的评估方式，如项目作业、口头报告、展示和实践评估等，以便更全面地评价大学生的学习成果和掌握程度。劳动教育是对大学生进行全面发展教育的重要组成部分，其形式要与不同阶段大学生的特点相结合。

高校还应该与校外企业合作，推进校企合作建设实习实训基地为劳动教育的教学方式提供有效的平台，共同组织大学生开展实习实践活动，使大学生获得直接生产实践经验。高校和企业联合建设"工学交替"项目实践教学平台。"工学交替"项目实践教学平台是指由企业和高校联合组成项目实施团队，共同组建实训场所，开展实训性教学活动的平台。也可以将实习实训场所设置在职业院校或者技工院校内。高校可以与相关行业协会或者社会组织等机构合作建设社会服务示范基地，积极为大学生提供创新创业、职业技能培训以及志愿服务等机会，从而使大学生获得直接生产实践经验。同时也可以向企业员工、大学生以及相关社会人士等群体宣传和介绍高校和专业情况，以增强他们对高校和专业的认可度。高校与企业共同承担新时代劳动教育责任，一方面高校可以组织广大师生参观相关的博物馆、科技馆等劳动教育场所以加强对大学生热爱劳动思想意识的培养；另一方面，高校也可定期组织师生参加公益劳动或志愿者活动以加强对大学生热爱志愿服务意识的培养。

高校应明确加强劳动教育社会实践活动建立校内外实践基地。高校应以专业群方式建立以产业行业、科研院所、实验基地为依托的劳动教育实践基地，要积极打造具有创新创业活动的大学生创业园，为大学生提供良好的工作、学习、生活和发展平台。同时根据区域内经济社会发展实际，与地方政府、社会组织、企事业单位等联合建立劳动教育实践基地。构建社会实践体系，高校应发挥专业优势，统筹利用各种资源，构建高校教育与社会实践相互补充、相互促进的劳动教育实践体系。高校可以依托各类公益事业或者公共服务平台开展志愿服务活动，依托社区资源或当地政府开展劳动教育实践活动，依托科研院所、实验室等机构开展相关科学研究活动以及大学生创新创业项目孵化工作等。

高校可以定期举办与劳动教育有关的技能比赛和发明创造比赛，以此来激发大学生参与劳动教育的热情。同时，定期邀请企业及行业协会等专业人士来到高校举办讲座和报告，并组织相关大学生竞赛。组织社会公益活动。高校可以积极动员大学生到社区（乡村）开展义务劳动等工作。引导大学生参加公益事业以及在边远山区支教等志愿服务工作，组织大学生开展助学活动以及给山区儿童捐赠图书、衣物和学习用品等活动。同时，鼓励大学生参加无偿献血活动和义务献血活动等。通过加强对大学生的社会实践训练，提高其社会适应能力及参与意识和服务意识。

高校应定期开展校内勤工俭学活动，在学习的同时还要承担一定的劳动任务，不仅可以锻炼他们的动手能力，而且还能够增强他们吃苦耐劳、持之以恒的精神。高校为大学生提供勤工俭学项目：一是勤工俭学基地。高校充分利用学校附近地区有较多的工厂、企业等条件，定期组织大学生开展劳动活动，如农田平整、花草维护、衣物晾晒、插花等。二是社会实践活动，大学生除完成学校布置的各项学习任务外，还参与当地政府和有关部门组织的义务劳动和公益活动。三是开展各种文体活动，通过高校组织的文体活动，如参观展览、考察科技市场、走访敬老院等，增强大学生的社会责任感和公民意识。四是举办勤工俭学科技节，科技节期间，利用黑板报、橱窗等阵地大力宣传科学知识，激发学生参与科技创作和科技发明的热情。

高校开展社会服务实践活动。社会服务实践活动是高校创新教育实践内容，提升大学生综合素质的一项有效途径。高校要将勤工俭学和社会服务实践活动有机结合起来，发挥高校、家庭和社会各自优势，通过社区服务、公益劳动、志愿服务等形式开展教育引导和实践锻炼，帮助大学生形成良好的行为习惯。在社区活动方面，高校通过与社区合作，建立劳动教育基地、科技创新基地，为大学生提供社会调查、公益劳动等多项社会实践的机会。为了加强大学生的劳动意识和公民意识，让他们懂得现在生活的来之不易，增强他们的动手能力，发扬合作精神，可邀请社区代表共同参与到高校勤工俭学活动中来。通过参观考察环境优美的社区，让大学生了解身边环境污染的现状。此外，高校还可以与社区签订共建协议，建立绿色网吧。高校每学期都组织大学生走进社区为孤寡老人和残疾人服务并为其捐款捐物。每年3月5日为学雷锋志愿服务日，鼓励高校师生开展义务劳动。高校还可以开展争做志愿者活动，以此提高大学生参与社会服务项目的积极性和主动性，增强他们的自我教育能力。

三、智慧校园的平台建设

要用好网络这一新型教育教学工具，借助"互联网＋"推动劳动教育创新发展。一方面，要充分利用好校园网、微信公众号等载体，将高校劳动教育的相关内容通过校园网、公众号进行传播。在校园网开辟劳动教育专栏，刊载各类与劳动教育相关的文章和信息。利用微信公众号为大学生搭建自主学习平台，及时发布与劳动相关的知识和技能等。另一方面，要利用好网络技术搭建智慧校园平台，实现资源共享。这既能丰富教学资源，也能在一定程度上实现资源共享。

借助智慧校园平台建立多样化的实践课程体系。高校可以在智慧校园平台上开设一系列与劳动素质培养相关联的实践课程，如体验式课程、志愿服务类课程等，也可以开发在线学习平台，让大学生通过网络自主学习各种劳动技能，还可以根据大学生所学专业，建立专门的实践实习基地，等等。高校可通过智慧校园平台发布信息或者通知、进行在线考试等方式督促大学生进行自主学习。

将现代信息技术与课堂教学进行深度融合，创新教学方式方法，提升教学效果。以"互联网＋"思维建设网络教育资源，建立覆盖高校、年级、专业和学生个体的一体化智慧教学平台，整合校内外优质教育资源，打造精品在线开放课程，加快数字化教材建设，推动新时代"互联网＋教学"协同育人模式的改革与发展。加强网络教育资源的开发与利用，开设虚拟实验课，广泛运用案例分析、问题探究和模拟训练等方法，将传统教学活动中教师讲授的内容，以生动、形象的形式进行呈现。通过大学生动手实践操作训练课程（如陶艺、园艺、插花等）培养大学生对相关知识和技能的认知和运用能力，整合优化现有网络教学资源中具有较高教育价值的优质教育资源，并建设具有一定规模、体系健全并适应时代发展要求的"网络课程群"。鼓励高校教师采用多种手段灵活制定教学方案，建设实践与创新创业实践平台等。

高校构建网络教育教学资源共享平台，通过线上学习、线上考试等方式促进教师与大学生之间的交流。高校可以将各学院、各社团的劳动教育活动上传至校园网上，供大学生自主学习和教师在线辅导。积极推进智慧校园建设。高校应持续推进智慧校园建设，充分运用大数据等技术手段促进劳动教育工作的创新发展。一方面，将智慧校园作为育人的重要载体，充分利用大学生所学专业或社会实践课程的相关信息数据等建立起与劳动教育相关联的实践教学体系。另一方面，要根据大学生所学专业和社会实践课程建立起相应的虚拟仿真实训基地或者真实实习基地等。此外，高校还应定期邀请行业专家、社会各界知名人士进行劳动教育专题讲座。

在"互联网＋"时代，网络作为信息媒介已成为大学生生活中不可或缺的一部分、建设校园网络文化的主要渠道，新媒体平台也成为宣传思想工作的前沿主阵地。想要搞好校园劳动教育文化建设，就必须将高校劳动教育融入高校新媒体平台的建设工作中，要根据教育部与高校要求，依托高校门户网站，充分利用校园网站、微信公众号、官方微博、QQ群等新媒体平台的优势，向大众推出更有吸引力与感染力的以劳动教育为特色主题的内容，进行科学有效的传播，实现内涵式发展，打造涵盖劳模精神、劳动精神与工匠精神内容的特色栏目或多媒体产品，提升劳动教育的丰富性，开展双向互动，鼓励师生参与劳动教育话题的思考与讨论，共同分享劳动教育的新感悟，使劳动教育接地气，以达到加强劳动教育的实际效果的目的。

第二节　整合优秀校园文化资源

校园文化是高校在长期的发展过程中积淀下来的精神财富，是校园内外长期共同建设、共同培育的结果。它不仅反映了高校师生的价值观念、行为规范、生活方式等，更能激发学生潜在的力量。因此，高校应利用自身独特优势，不断建设具有高校特色的校园文化。

一、校园精神载体资源

校园精神载体一般由校史、校训和校歌组成。任何一所高校在建校、艰苦奋斗的办学过程中，都离不开一代又一代的开拓者、建设者和改革者的不懈努力，在时间的沉淀下，形成了厚重的校史。高校在劳动教育的过程中，应着重深入挖掘校史中关于勇于开拓创新、奋勇拼搏、自强不息的典型人物与故事，并灵活运用各种新媒体手段带领广大师生深刻领会劳动创造历史、劳动开创未来的道理。

校训往往短小精悍、言简意赅、便于记忆，是一个学校的灵魂，展现了一所学校的办学理念、校园文化与教育理念，是人文精神的高度凝练，也是学校历史和文化的积淀。同时校训也是一把标尺，时刻激励和劝勉师生，遵守基本的行为准则与道德规范。应充分发挥校训在高校劳动教育实践活动中的引领作用。

校歌是校园文化的重要组成部分，通常以情感人、易于传唱，是一所学校对内的号召和激励，对外的形象展示与宣言。校歌与劳动教育的有机融合，将在传唱中无形发挥劳动教育的功能与作用。

二、校园先锋示范资源

高校是培养人才的前沿阵地，教师是培养人才的重要引路人，高校教师不仅要传道授业解惑，还要做到行为示范，通过自身的言传身教与人格魅力，引导学生树立正确的世界观、人生观与价值观。劳动教育是中国特色社会主义教育制度的重要内容，直接决定了社会主义建设者和接班人的劳动精神面貌、劳动价值取向与劳动技能水平。因此，高校更应帮助学生树立辛勤劳动、诚实劳动与创造性劳动的正确劳动观，将劳模精神、劳动精神、工匠精神等融入师德师风的内涵中，健全和塑造大学生健康人格，同时用劳动教育的内涵丰富和完善高等教育理念，实现全员劳动教育、锻造时代新人，真正打造一支为人师表、治学严谨、认真负责、耐心细致、开拓进取的高水平教师队伍和热爱劳动科学，具有劳动精神与工匠精神的科研队伍，为大学生当好先锋模范作用。

任何时候，高校校园都有向上和向善的动人故事，有的是艰苦奋斗的励志传奇，有的是刻苦努力的勤奋典范，而这些故事的主人翁更是在大学生身边，用生动的亲身经历引导和鼓励大学生谱写一部关于劳动的伟大成长史，例如，勤奋刻苦、诚实守信、勇于创新的普通大学生，信念坚定、攻坚克难、默默奉献的大学生党员，勤于钻研、真抓实干、创新创业的往届校友。"时代造就英雄，伟大来自平凡"①，他们的故事与成长经历引领大学生正确认识劳动、尊重劳动、崇尚劳动与热爱劳动；他们是行走的劳动精神，激励着广大师生争做新时代的奋斗者。此外，还应积极发挥大国工匠与劳动模范在劳动教育上的引领作用，通过让他们进校园、进教材，让劳动教育在大学生心中扎根、发芽，让他们近距离感受劳模精神、劳动精神与工匠精神，潜移默化地用劳模品质引领大学生，用劳动精神感染大学生，用工匠精神鼓舞大学生。

三、校园文化活动资源

高校校园文化是劳动教育的重要载体，具有立德树人、以文化人的重要功能。采取丰富多彩的教育形式和喜闻乐见的活动方式，开展以"弘扬劳动精神、培养劳动情怀"为主题的劳动教育实践活动，开展以劳动教育为导向的各种校园文化活动，让大学生积极参与其中，深刻感受与理解劳动教育的内涵与重要意义，这对发展高校的劳动教育事业意义深远。同时，要不断拓展高校劳动教育的育人渠道，培育和塑造契合时代潮流、时代脉搏的社会主义先进文化，并将其融入校园精神文化建

---

① 习近平. 习近平谈治国理政：第 4 卷［M］. 北京：外文出版社，2022：131.

设活动，使劳动教育进课堂、进教材、进头脑，让大学生不仅有扎实的专业基础，还有深厚的劳动情怀，鼓励和倡导大学生创新创业真抓实干、兴国兴邦，在各自的工作岗位上为实现个人梦想鼓足干劲，为国家创新发展不懈努力。

第二课堂是学生素质教育的重要阵地，高校应把第二课堂作为提高学生综合素质的有效载体。一方面，利用校外教育资源进行劳动教育。充分发挥当地特有的科技资源，组织大学生参观科技馆、博物馆等，了解科技知识。组织大学生开展社会调查，参观各类工厂、医院等，使学生开阔眼界，增长知识。另一方面，充分发挥校园文化活动基地的作用。开展丰富多彩的校园文化活动，举办运动会、歌咏比赛、师生书画展等，开展科技文化节、艺术节活动以及书画摄影比赛，开展各种社会实践活动，等等。为了确保第二课堂的正常开展，高校要建立一支稳定的劳动教育专兼职教师队伍，让他们充分发挥自身知识和技能上的优势以及在对学生劳动教育方面所积累起来的经验和技巧，来开发第二课堂资源、组织实施劳动教育活动。高校教师在教学中充分挖掘教材内容，注重对大学生进行思想品德教育、日常行为规范教育和优良作风培养。以自主探究学习方式为主，采用自主学习法、讨论法以及合作学习法等多种教学方法。通过精心设计好每一堂课的教学，并根据不同年级大学生特点和实际情况确定教学目标，精心设计教学过程与方法，在实施劳动活动过程中要及时进行检查指导。积极指导大学生通过参加各种社会实践活动来培养大学生树立正确的劳动观念与良好思想品德、行为习惯以及养成热爱劳动、努力钻研等优良品质。帮助他们在活动中通过自己辛勤劳动来获取知识和技能，提高个人素质和能力。

第三节　引进先进劳动教育资源

随着全球化和经济发展的不断推进，劳动力市场对高素质人才的需求不断增加。高校作为国家重要的人才培养基地，对于培养具备一定职业素养和实践能力的高素质人才起到重要的作用。而劳动教育作为高校教育的重要组成部分，也越来越受到人们的关注。为了整合高校劳动教育育人模式的资源，可以从借鉴国外发达国家的劳动教育模式和引入国内外先进教育人才资源这两个方面入手。

一、国外发达国家劳动教育模式

国外发达国家的劳动教育模式有很多值得借鉴的地方。在德国、日本等国家，劳动教育始终被视为培养学生职业素养和实践能力的重要途径。这些国家的高校都建立了完善的劳动教育体系，通过将理论学习与实践教育相结合的方式，帮助学生深入了解不同行业的实际操作和职业技能，提高他们的实践能力和职业素养。

（一）德国劳动教育模式

德国自 20 世纪 70 年代开始建立具有较高水平的学校课程体系，经过 50 多年的不断完善和发展，德国劳动教育已形成完整的体系。德国《职业教育法》规定，职业技术教育与普通教育是不同层次的两种教育类型，有各自独立的入学考试制度、教学内容、学制年限和毕业考试制度，不同于普通高等教育。由于职业教育学生不能直接就业，因此学生在接受三年职业学校教育之后要再接受四年"双元制"职业培训。"双元制"是以企业为主导和学校为辅助的一种新型劳动者培养模式，具有全新的学校教育理念、职业实践与未来就业能力相结合的特征。该模式培养出来的人才主要从事产品生产加工、企业经营管理等工作。其特点：学校教育和社会实践结合起来，学生在校学习期间在工厂、车间或其他企业单位完成一定劳动任务，学校和企业之间建立长期稳定的合作关系，通过双向选择保证人才培养质量。

（二）日本劳动教育模式

在日本，除了大学专门为青少年设立了农学教育院外，普通中学和初中也开设了农学课，并且由具有一定专业知识水平的教师担任教学工作。教师不仅对学生进行农业基础知识教育，还要对其进行职业规划指导、种植及养殖技术指导等相关课程教学。目前日本在校学生中从事农业生产的大约有10%。

日本在全国各地设立了上百个"农学教习所"，即学校"农学教习社"。日本在中小学进行农业教育的基本经验主要有两点：第一，小学五年级的学生就被编入"农校"学习农业知识。其教学内容包括植物栽培、动物饲养、农作物种植和食品加工等。第二，小学四年级开始进行各种职业劳动训练，包括农场劳动、渔业劳动和农业劳动。其目的是培养学生的动手能力和掌握必要的生产技术知识，使学生具备基本的职业生活技能。从20世纪90年代起，日本还在小学六至八年级开设专门课程，进行职业启蒙教育。日本开展了有效且高效的劳动教育模式，并将其融入普通中小学课程中去。同时通过开展丰富多彩的职业体验活动，让学生学会在未来社会生活中应对各种挑战与挫折。

（三）韩国劳动教育模式

韩国重视对学生劳动素养的培养，将劳动教育作为培养学生核心素养的重要内容，建立了较为完善的劳动教育体系。韩国劳动部于1990年颁布了《劳动技能教育》，1998年颁布了《基本社会能力教育》，2008年颁布了《基本生活能力教育》。韩国劳动部把家务活动、职业指导以及社会公共服务等内容列为中小学的必修课程。其中《基本生活能力教育》属于道德与生活领域课程，包括烹饪、家务、个人卫生、洗衣服、整理房间等。同时，《基本生活能力教育》也属于保健领域课程，包括制作糕点、使用微波炉等。韩国劳动部规定，劳动教育不是以学科知识为中心的教学过程，而是培养学生健康生活习惯和良好社会适应能力的过程，通过劳动课程培养学生正确处理人际关系的能力以及与他人合作的能力。另外，韩国劳动部还对各级各类学校开设了职业指导课，普及基本的职业技能培训知识。

韩国劳动部对学生的劳动素养进行定期检测和评价，并依据结果提出相关建议。韩国学校设立了劳动教育评价委员会，对各年级、各学期进行指导检查。韩国劳动部对各学校开展劳动教育的情况进行评估考核并建立数据库。评价内容包括学校在指导学生完成作业或实验时是否有针对性地指导学生，学校是否采用了新的教学方法，学生是否参加了生产实践活动，是否按照规定开设劳动课程；教学设备及课程建设与实施是否达到要求等。韩国劳动部将评价结果分为优秀、合格和不合格三个等级。优秀的标准是学生参加生产实践活动时做到了最大限度地发挥自己的潜力并取得了成果，合格是指学生参加生产实践活动时虽有困难但能克服，不合格是指学生在生产实践活动中遇到了困难，但没有克服困难就放弃了努力。韩国劳动部要求各学校每学期对学校所有课程教学计划及各学科教学计划进行评价，并将评价结果与教师绩效考核挂钩。学校根据劳动教育评价结果对教师提出相应的要求并作出奖惩。

韩国劳动教育除了以上这些课程之外，还采用了灵活多样的劳动形式，如将家政教育纳入中小学课程中。根据韩国儿童保育相关法律规定，每周1小时以上家务劳动或每周2小时以上参加力所能及的家务劳动被视为"学校公益劳动"；一些家庭为解决家庭中的一些实际问题，利用家庭和社区资源开展各种公益劳动，如向贫困地区捐献衣物、书籍等；学生利用寒暑假或课余时间参观工厂或参加志愿服务活动等。通过这些实践活动的开展培养学生形成正确的劳动观和人生观，让学生了解到一些简单但实用的生活技能和方法，培养学生对生活和学习环境保护的责任感，增强学生的自立能力。

（四）澳大利亚劳动教育模式

为了进一步提升国民素质，澳大利亚政府通过制定相关政策和法律、开展各种专项培训、举办各级各类比赛等措施，鼓励中小学学生参加各种劳动实践活动，培养学生的创新意识和动手能力，使其成为知识型社会的准备劳动力。

在澳大利亚中小学的教育中，劳动教育占有重要位置。一方面，澳大利亚政府鼓励学生积极参与学校活动中的各项劳动实践活动；另一方面，学校也会针对具体的项目制定劳动计划与实施方案。在澳大利亚，中小学不仅有专门的劳动课和实践基地，还会为学生安排其他课程来帮助其进行劳动实践。根据澳大利亚健康与福利研究所（Australian Institute of Health and Welfare）公布的《澳大利青年》（*Australia's Youth*），将青少年分为两个年龄段：0～12 岁、12～24 岁。澳大利亚学生劳动实践的内容主要包括家务劳动（做饭）、公益劳动（社区服务）、社区志愿服务（环保工作）和农场劳动（种植和养殖）等。澳大利亚将不同年龄段的学生安排在不同类型的岗位上进行劳动实践。如 0～3 岁儿童一般由看护人照顾，4～7 岁由父母照顾，8～10 岁则主要由社区工作者照顾，11～12 岁则由家长或其他监护人照顾。不同年龄段的儿童所从事的劳动项目也不尽相同。

在澳大利亚学校的教育中还会组织学生进行专项技能培训。比如 20 世纪 70 年代澳大利亚政府推出的"社区服务课程"，以及 20 世纪 80 年代推出的"青年工作课程""志愿者活动课程"等。澳大利亚政府通过开展各类专项培训和活动来提高学生综合素质及创新能力。澳大利亚的职业技能培训一般有两种：一种是学历教育项目，如通过职业资格考试获得文凭，再在学校学习相关知识；另一种是非学历教育项目，如学校有专门的职业技能培训课程，学生可以选择学习或参加社会上其他机构组织的培训课程。此外，澳大利亚还有一个全国性质的"职业体验中心"（Centre for Professional Experience）。学生可以在这里参观各种工作场所、学习与工作有关的各种技能，了解他们将来会从事什么样的职业以及相应的薪资水平。

（五）芬兰劳动教育模式

芬兰非常重视劳动教育，将其列为国家教育方针的重要内容。芬兰的劳动教育是以学生的生活为基础，并强调学科教学与劳动教育的融合。芬兰学校普遍开设有劳动实践课程，注重对学生进行社会责任和自我责任感的培养。

芬兰劳动教育体系包括三个主要部分：第一是国家教育大纲中对学生进行劳动教育的具体要求；第二是国家课程纲要中对学科教学中的劳动教育提出具体要求；第三是社会团体在教学中渗透劳动教育，并为其提供必要支持。

芬兰根据新的国家课程纲要对学校课程进行了改革，将原来以学科为中心的课程体系转变为以学生为中心，同时注重将劳动教育与其他学科结合起来，通过多种途径培养学生的实践能力与创新精神。

芬兰国家教育大纲十分强调劳动教育的重要性。芬兰国家课程纲要中对劳动教育有如下规定：第一，课程的核心任务是促进学生的社会化，形成社会责任感和自我责任感，在实践中学习、工作和生活；第二，课程内容与学生的生活紧密相连，并渗透到学生生活的各个领域；第三，强调劳动教育要与其他学科融合，并在学科教学中进行劳动教育。

在芬兰义务教育阶段的课程设置中，劳动教育是必修内容，并且渗透到各个学科教学中。例如，在数学、物理、化学、生物等学科的教学中渗透劳动教育。学生在完成课程学习任务后进行一些简单的手工劳动训练。由于芬兰是个自然资源匮乏的国家，因此芬兰学生学会了利用各种资源完成任务。

劳动教育课程强调学生的动手能力和创新精神，芬兰在国家教育大纲中明确提出要培养学生的动手能力，并且强调劳动教育要与其他学科相结合，特别是在化学、数学、物理等学科中渗透劳动教育。同时，劳动教育课程强调动手实践的重要性，鼓励学生自己设计简单的科学实验。例如，芬兰的小学科学课在五年级就已经开始学习实验和设计了。中学课程中，学生不仅要学习基本的劳动技能，还要动手进行化学实验。学生通过实践动手体验，掌握基本的化学实验技能。

近年来，随着中国社会经济高速发展、科技水平不断进步以及国际交流合作日益广泛与深入，越来越多的学生到国外留学，这对于提升中国学生国际化视野具有重要意义。但学生在出国留学前必须要经历严格而系统的职业培训，以便他们能够将所学知识与国外实际需求相结合，学以致用。

二、引入国内外先进的教育资源

除了借鉴国外的劳动教育模式，引进国内外先进的教育人才资源也是构建我国高校劳动教育育人模式的重要途径之一。引进人才不仅能够带来新的教学理念和教学方法，还能够提高高校的学科建设水平和教学质量。具体而言，可以从以下几个方面入手。

（一）引进国内外优秀的劳动教育专家

引进国内外优秀的劳动教育专家，可以为高校提供先进的教学理念和实践经验。这些专家不仅具备较高的学术水平和教学能力，还具备丰富的实践经验和行业背景。通过与这些专家的交流和合作，高校可以深入了解国内外劳动教育的最新发展动态，提升教学质量和教学水平。

（二）引进企业高管和行业精英

引进企业高管和行业精英，可以为高校提供更加贴近实际的教学内容和教学方法。这些企业高管和行业精英通常具备丰富的实践经验和行业资源，能够为大学生提供更加真实的职业实践机会和职业指导。通过与这些企业高管和行业精英的合作，高校可以更好地了解职场的要求和行业的发展趋势，为大学生提供更加有价值的教育资源。

（三）引进具有国际化视野的教师

引进具有国际化视野的教师，可以为高校提供跨文化交流和合作的机会。这些教师通常具备丰富的国际教学经验和跨文化沟通能力，能够为学生提供更加广阔的视野和思维模式。通过与这些教师的合作，高校可以为学生提供更加全球化的教育资源，帮助他们更好地适应国际化的职场需求。

　　构建高校劳动教育育人模式的资源，需要综合运用国外发达国家的劳动教育模式和引进国内外先进教育资源这两个方面的资源优势。在借鉴国外劳动教育模式的同时，高校可以通过引进国内外优秀的人才来推进高校劳动教育的进程。

第四节　探索社会优质劳动教育资源

　　劳动是人类独有的社会活动，人类依靠劳动才得以发展。如果没有劳动，人们的生存也就失去了依托。中国是工人阶级领导的、以工农联盟为基础的人民民主专政的社会主义国家，这就决定了中国根本政治制度是人民代表大会制度，决定了中国政治体制是为人民当家作主服务的。劳动者是国家的主人，只有让劳动者当家作主，才能保障中国特色社会主义事业后继有人。

　　当前社会对大学生尤其是高技能人才有较大需求。调查显示，高技能人才最受用人单位欢迎并具有较好发展前景的岗位是管理、技术、技能岗位以及新职业和新兴产业领域相关岗位。如果中国经济要实现转型升级，那么建设一支知识型、技能型、创新型劳动者大军就是必然选择。

一、优质社会劳动资源的层次及其特点

　　优质社会劳动资源可分为三个层次：一是为实现社会经济目标必须具备的基本素质，二是从事高附加值工作必需的专业技能，三是从事与高新技术相结合工作必需的创新能力。

　　第一，基本素质是指人们通过后天获得并应用于生产实践中的因素，包括思想品质、心理因素、身体健康等，这些因素与人对生产过程

的适应能力及对职业环境的适应能力有着直接关系。其中，思想品质包括道德品质和政治思想两方面。心理因素包括个人个性、家庭环境、文化背景以及工作态度等。身体健康主要包括体力和心理健康两方面，前者由人体生理系统决定，后者则由人体精神系统决定。

第二，专业技能是指人们为了适应社会工作或职业需要而形成并运用于生产实践中的专门技能或职业知识（也称专业知识）。它包括语言与文字、科学与技术、工程与管理、法律与金融四个方面。

第三，创新能力是指人们在从事科学研究和生产实践活动时所表现出来的创造力和思维能力，包括创造力、想象力、思维力以及创造发明等。创新能力是技术和各种实践活动领域中不断提供具有经济价值、社会价值、生态价值的新思想、新理论、新方法和新发明的能力。创新能力是一种复合型能力，一般由学习能力、分析能力、综合能力和想象能力等构成，是当代社会竞争的核心。

从经济角度来看，优质社会劳动资源，是为世界所公认并且具有很强增值潜力的资源，而一般国家则需要拥有这些条件并能在很大程度上满足其要求（如掌握了相应技能），才能实现经济上与社会上及时创造出优质社会劳动资源。同时，还需要有较高人力资本或物质资本创造出优质社会劳动资源，为其提供相应条件才能实现其增值潜力或创造出优质社会劳动资源。

由于世界上发达国家都已经进入了后工业化阶段，所以他们很大程度上已经解决了优质社会劳动资源短缺问题。中国在解决优质社会劳动资源短缺问题上也已取得了很大进展，但同时也要看到，目前中国所拥有和能创造的优质社会劳动资源仍然有限，这是一个极大的挑战。

二、优质社会劳动资源培育的实际价值

优质社会劳动资源是实现经济社会可持续发展的关键因素。优质社会劳动资源是指能带来高质量、高效益的社会劳动资源。要培养和形成优质社会劳动资源，就必须大力开展各类优质社会劳动资源的开发、利

用与转化。优质社会劳动资源作为人力资源体系中最重要且最具基础性的要素，对经济社会发展具有重要意义，主要体现在以下几个方面：

首先，优质社会劳动资源是实施人力资源开发战略不可缺少的基础。现阶段中国已进入工业化中期阶段，要使国民经济再上新台阶，就必须开发大量优质的社会劳动资源。为此，必须进一步加快社会劳动资源的发展速度，以创造更多更高质量的优质人才。

其次，培育和壮大优质劳动资源是整合并合理使用有限社会资源的根本途径。人是生产力诸要素中最活跃、最具能动作用和创造力的因素。人是创造物质财富与精神财富以及潜在价值与现实价值、一般价值与特殊价值的主体力量。人作为劳动和劳动力不能被物化到某一产品或设备中去，必须把人作为人来加以尊重和开发、利用。只有人力资本才能创造出真正意义上的商品、产品以及其所包含的价值。人力资本通过个人素质提升发挥作用后会创造出更高质量的商品、产品和服务。

最后，培育和壮大优质劳动资源有利于促进经济发展方式转变。未来经济发展过程中将出现"一个中心"与"两个转变"相结合的关键点：一个中心是以经济建设为中心，两个转变是从以物质生产为中心向以精神生产为中心转变、从以物质生产部门为主向物质生产部门与精神生产相结合转变。这就要求政府必须引导各类企业转向以科技创新为重点提升产业核心竞争力以及推进文化创意产业发展等方面，同时也要引导职工树立正确的人生观和价值观、加强法制教育和道德教育、提高技能水平等。

当前中国正处于深化改革开放时期，一些新情况新问题不断出现。如"两型社会"建设对高端人才的需求越来越迫切，再如在利益诉求多样化背景下出现了利益矛盾群体对立等现象。这些问题如果不能很好地解决，必然会影响社会稳定发展与和谐发展等各个方面。

综上所述，优质社会劳动资源是推动经济社会可持续发展的基础和保障，是改善民生、提升人力资本水平、提高国民素质等重要战略措施之一，是增强中国综合国力、提升国际竞争力等具有重大战略意义和深远影响的新事物，还是推动中国经济建设与社会发展战略转型进程的重要推动力，同时也是维护国家长治久安和实现中华民族伟大复兴进程中一项基础工程。总之，培育优质劳动资源是一个系统工程，涉及诸多方面、多种因素。只有从整体出发才能把握全局、抓住重点、兼顾一般、循序渐进地推进各项工作。

三、高校劳动教育与产教融合协同育人

产教融合是中国高等学校人才培养模式之一，是高等教育内涵式发展和产业升级的前提。产教融合是技术进步的有力支撑，也是提升高校社会服务能力的主要途径，对学生、高校及企业意义深远。高校与企业协同育人已经成为一种趋势，通过产教融合深化创新创业人才培养，提高大学生技术水平和创业能力，解决大学生的就业问题，促进大学生全面发展。根据中国共产党的教育方针，坚持劳动育人的教育理念，是与时俱进地满足产业发展与经济转型的必然要求，更是将高校劳动教育体系与产业链、需求链紧密结合，对创新创业人才培养提出了更高的要求。

（一）产教融合的概念

2017 年 10 月 18 日，党的十九大报告明确提出了产教融合的发展理念，强调"深化产教融合、校企合作"[①]，产教融合是高等教育内涵发展和产业升级、技术进步的有力支撑。同年，国务院办公厅发布《关于深化产教融合的若干意见》，要求同步规划产教融合与经济社会发展，逐步提高行业企业参与办学程度，实现校企协同育人，用十年左右时间，构建教育和产业统筹融合发展格局，推进产教融合人才培养改革，发挥企业重要主体作用，促进人才培养供给侧和产业需求侧结构要素全方位融合。2019 年出台的《加快推进教育现代化实施方案（2018—2022 年)》提出，"深化产教融合、校企合作；调整优化高校区域布局、

---

① 习近平. 习近平谈治国理政：第 3 卷 [M]. 北京：外文出版社，2020：36.

学科结构、专业设置，建立健全学科专业动态调整机制，加快一流大学和一流学科建设，推进产学研协同创新"[①]。这标志着中国产教融合的主体在不断延伸与发展，从职业院校已经发展到高等院校乃至整个教育体系。

产代表了产业，教即教育，从宏观上看，产教融合是指职业教育中的课程设置以及教学过程等需要与企业的岗位需求、生产过程相对应，也就是说校企合作办学等组织活动。但目前中国并未形成校企协同育人、产教融合的、稳定互惠的长效健全机制，"校热企冷"的现象普遍存在，因此，校企协同育人，深化产教融合，推动创新创业发展，是推进高等教育综合改革、实施国家创新驱动发展战略、促进经济发展提质增效升级的重要举措，需要政府、高校、企业、社会等层面的共同扶持与努力。

（二）推动高校劳动教育与产业融合协同育人的重要意义

产教融合是深化创新创业协同育人机制的关键，主要以项目合作、技术开发为载体。现有的模式主要是基于产业发展的技术需求，依托企业开展校企合作教学、社会服务、学术科研等实践活动，全面推动产业化和现代服务结构的调整力度，为社会发展提供源源不断的人才。但缺少以文化共融为支撑的产教融合，很难实现产业教育与高校教育之间的高度融合，因此，注重劳动教育的全过程参与有利于推动和发展产教融合长效机制。

和谐的劳动关系是企业发展的重要因素。一个企业想要健康发展，离不开企业与员工的双向发展。企业必须严格遵守法规法令，提升自身生产力，发展与经营成果应与员工共享。员工应遵循劳动伦理，坚守岗位，恪守劳动职责。这些都是在义务教育甚至大学教育中，每一位即将走向社会的大学生应该学习与领会的重要内容，有助于形成全面系统的劳动素质，以适应产业发展和人才培养的需要。

---

① 全国干部培训教材编审指导委员会. 将改革进行到底 [M]. 北京：人民出版社，2019：138.

产教融合是科学发展的主要特征之一，贯彻创新创业协同育人机制，不仅将培养技术技能人才作为培养人才的目标，更着眼于产业的整个价值链。校企协作教育、联合办学，形成科学研究、社会服务以及人才战略培养的"一条龙"体系，即构建全方位、深层次产教实践体系，通过企业与高校之间跨越式合作，为创新创业教育提供更加广阔的空间。

高校劳动教育将校园文化与企业文化充分融合为一体，使大学生更能适应学习环境与工作环境的自然衔接。高校通常以勇于批判、追求真理、崇尚自由等作为价值理念，体现做人的文化。而企业更注重章程、规则，讲求服从，鼓励竞争与挑战，因此，体现的往往是做事的文化。对即将踏入社会的大学生而言，学习环境与工作环境实现自然衔接尤为重要，这种文化冲突导致的水土不服将直接影响大学生的学习与工作生活。因此，劳动教育通过对大学生进行劳动品德、劳动伦理及劳动技能的培养，使其更快适应社会的需要。

产教融合价值具有公益性取向与非公益性取向，两种取向既对立又统一。两种价值取向互为矛盾，存在冲突，但其统一性体现为在高等教育发展过程中具有一致的目标与趋势，两种取向相互配合、协调发展。从本质上看，产教融合的性质离不开教育的属性，因此，公益性也是产教融合的首要价值取向，即实现产业界更高的社会价值以及目标价值。

高校劳动教育在经济、社会、教育及政策层面均有助于实现产教融合的公益性价值。在经济层面，劳动教育根据产业需求，培养劳动者应具备的专业知识和技能，并为之提供劳动服务，以适应经济发展；在社会层面，通过建立和谐的劳动关系，保障劳动者合法权益；在教育层面，推动劳动者把握时代脉搏，学习和掌握新知识，以适应产业发展；在政策层面，劳动教育已上升为党的教育方针与教育政策，通过劳动教育使劳动者熟悉相关的法律法规，同时对劳资关系及工会组织的建立树立正确的观念。

产教融合推动劳动教育日趋完善，产教融合为劳动教育体系的完善提供了主线。劳动教育体系是由人才预测体系、教育管理体系、师资培训体系、课程教材体系、教育科研体系、经费筹措体系等构成。这一套完整的劳动教育体系要有相应的主线贯穿其中，才能体现连贯性与完整性以及处理问题的针对性。以产教融合为主线贯穿劳动教育的全过程，不断完善劳动教育体系，保证深化产业融合，才能实现劳动教育的经济价值、社会价值以及教育价值。

产教融合是实现劳动教育应用与转换的重要途径，高等教育教学贯彻产教融合办学的指导思想是全面服务市场经济发展规律的现实需要。因此，在产业和区域经济发展的双重导向的背景下，对中国高等教育规划与发展提出了更高的要求。长期以来，企业参与产教融合的积极性不高，企业协同育人的主体责任不明确，这些一直制约着产教关系的发展。可以说，利益逻辑是劳动关系与产教深度融合不能逃避的现实困境，也是决定融合深度和成败的关键。劳动教育作为供给侧，只有真正从源头上的产业与企业的实际需求出发，才能解决深度融合的问题。

人们的消费对象是教育服务，但实际上这种教育服务的终极目标是通过这种形式将知识转化为人的能力提升。因此，真正的教育产品是人们接受教育以后变化的劳动能力，也就是劳动力。劳动教育是否达到目的一是看大学生的劳动能力是否得到提升，二是看是否满足产业和企业的发展需求。产教融合为劳动教育的应用与转化指明了方向与思路。

四、高校劳动教育与产教融合协同育人的对策

产教融合是一个多主体、多维度的概念，涉及政府、高校、企业、行业及社会组织等。构建劳动教育与产教融合的有效机制，协同推进深度融合，核心在于通过推进产教协同育人，真正实现劳动教育与生产实践的有机结合。从教育实践的角度看，推动高校劳动教育与产教的深度融合，就是为经济发展和产业升级培养大批热爱劳动、勤于劳动和善于劳动的高素质劳动者，以此推动中国式现代化国家的建设。

（一）政府发挥政策引领与支持作用，构建劳动教育与产教融合相结合的生态环境

影响产教融合发展的外部因素有许多。劳动教育就是重要的影响因素，在一定条件下可以推动产教融合的深化与开展。劳动教育的优化调整，不仅涉及教育主管部门，还与社会其他方面有关，需要相关机构共同构建有利于推动劳动教育与产教融合相结合的生态环境。一是加强劳动教育与产教融合相结合的顶层设计，找准劳动教育与产教融合的结合点与发力点，对产教精准定位，明确主体责任。二是劳动教育应以配合产教融合的需求侧为起点，针对市场及人才培养需求，培养出适应经济发展和产业升级的高素质创新型劳动者。三是劳动教育与产教融合相结合，应建立和谐的劳动关系，使劳动者学会、掌握及灵活运用政策法规保护自己的合法权益，同时劳动者要对劳资关系和工会组织树立正确的价值观念。四是基于推进产教融合的劳动教育长效机制，从经济政策、教育政策等方面进行优化调整，促使其持续发展。五是继续完善经费保障机制，不以看得见的利润为终极目标，充分调动企业参与劳动教育与产教融合相结合的积极性。

（二）行业发挥协调指导作用，加强平台载体建设，建立行业协调对话机制

行业是产业的载体，是具有高度相似性和竞争性的企业组成的群体，在产教融合中处于承上启下的中观层面。在"互联网＋"及云计算、大数据时代，加强平台建设可以推动劳动教育与产教融合的深度结合。一是打造产教融合的综合信息服务平台，汇聚包括企业、市场人才供需、校企合作、项目研发等各类信息，向主体提供更加精准、更加及时的信息发布、检索、推荐等服务。二是建立产教融合统计与评价体系，组织第三方进行更加公正、公开的产教融合效能评价，以产教融合结果作为绩效考核、投入引导、试点选择的重要依据。三是加强公共实训基地建设，鼓励和支持高校、龙头企业、社会机构等共同建设独立运

作的公共实训基地，为学生提供更多的机会去真实地体验生产项目以及一线岗位。

（三）高校积极推进产教协同育人，真正实现教育与生产实践相结合

劳动是人的本质活动，也是实现人的全面发展的重要途径，教育与生产劳动结合是社会主义教育的根本原则。生产劳动与教育深度融合，一方面，劳动者通过配套的专业理论学习，能够提升科学文化水平与素质，提升社会生产效率，推动生产力的发展。另一方面，教育与生产劳动相结合，有利于推动人的解放和全面自由发展，使物尽其用、人尽其能。因此，应构建校企产教融合、协同育人的有效机制，通过校企共同办学、共同搭建实训基地、实践平台，充分整合社会资源，创新高校应用型人才培养模式，以"能力本位"为导向，培养高素质劳动创新型人才，实现劳动教育的最终目的。

（四）企业发挥在劳动教育与产教融合相结合中的重要主体作用

企业、行业是产教融合的重要场所，拥有很多的人力资源、教育资源。不能忽略对企业、行业相关资源的开发与运用，更不能忽略校企合作的有效机制。因此，在将劳动教育与产教融合相结合的过程中，更应注重企业、行业在其中发挥的重要主体作用，充分发挥主体参与的积极性，使企业、行业在参与的过程中尝到甜头，更有动力参与产教融合。同时，改变过去流于形式的产教融合模式，实现高质量的深度融合，在产教融合评定、奖励办法，以及在政策、科学技术支撑和课程设置等方面进行改革优化，使高校劳动教育在与产教融合相结合的过程中始终围绕人才培养的目标，培养出更多高素质创新型劳动人才。

（五）通过劳动教育打造产教融合利益共同体

产教融合是一个由不成熟到定型、由松散到紧密的过程。浅层次合

作是由高校主导靠感情联络为主的合作；中层次合作是院校为企业、行业提供咨询、培训等相关服务，建立横向联合体及多元投资主体的合作；深层次合作是高校与企业、行业之间相互作用、相互渗透，形成利益共享关系的合作。因此，校企利益共同体是校企双主体产教融合深层次合作的表现形式。通过教育与生产活动相结合，打造产教融合利益共同体是推动劳动教育与产教融合相结合的关键。在校企合作办学、协同育人的过程中，高校的目标是培养高素质的创新型劳动人才，以适应市场发展规律和企业需求。因此，高校需要与企业、行业保持密切关系，对教育体系不断地进行优化调整。企业的目标是获取最大的经济效益，在产教融合中，企业以及行业广泛吸纳优秀人才，通过对员工进行继续教育与宣传，树立企业品牌与形象。同时还能充分借助高校资源和政府相关政策的支持，对产品进行研发、升级来提升企业的经济效益。因此，劳动教育与产教深度融合，有利于双主体在形成利益共同体的基础上共享和优化产教资源，培养高素质的创新型人才，助力产业建设与发展。

第五章 高校劳动教育育人模式的要素构建

2020 年 9 月 22 日，习近平总书记在教育文化卫生体育领域专家代表座谈会上强调："广泛开展劳动教育，发展素质教育，推进教育公平，促进学生德智体美劳全面发展，培养学生爱国情怀、社会责任感、创新精神、实践能力。"① 劳动教育在"五育"融合育人中占据着重要地位，有独特的教育价值和模式，是促进高校大学生全面发展不可或缺的内容。在新时代高校劳动教育育人的大背景下，构建劳动教育育人以树德、增智、强体、育美为层级目标要素；以马克思主义劳动基本理论、中华优秀传统劳动理念、劳动模范精神、创新创业理论、劳动技能等为高校劳动教育的多维内容要素；以多元的物质保障机制、协同育人的劳动培养机制、常态的劳动教育时空机制为高校劳动教育的全方位管理要素；以突出的劳动评价理念、完善的劳动评价内容、科学的劳动评价方法、及时的劳动评价记录作为新时代高校劳动教育综合的评价要素。以此来迎合新时代高校劳动教育的发展态势，进而提升高校劳动教育育人的实效。

---

① 习近平. 习近平谈治国理政：第 4 卷［M］. 北京：外文出版社，2022：339－340.

第一节　确立层级性高校劳动教育目标要素

2020 年 3 月 20 日，中共中央、国务院印发《关于全面加强新时代大中小学劳动教育的意见》，明确了劳动教育是国民教育体系的重要内容，是学生成长的必要途径，具有树德、增智、强体、育美的综合育人价值。高校育人的根本任务是培养能力强、素质高、全面发展的社会主义接班人和建设者，高校劳动教育更要以树德、增智、强体、育美为目标要素，将立德树人落到实处。

一、劳动教育以树人之德为目标

德为人之心。习近平总书记多次提及立德树人为教育的根本任务，也曾多次语重心长地指出要深化教育体制机制改革，健全立德树人落实机制。2014 年 5 月 4 日，习近平总书记在北京大学师生座谈会上指出："国无德不兴，人无德不立。"[1] 德育具有重要意义，是教育的灵魂，也是中华民族的优良传统。在中华民族历史发展的过程中，形成了成熟的道德评价体系，北宋司马光说："才德全尽谓之圣人，才德兼亡谓之愚人，德胜才谓之君子，才胜德谓之小人。"[2] 大学阶段正值大学生世界观、人生观、价值观养成的黄金时期，高校要把立德树人贯彻始终，并作为劳动教育的首要目标。

（一）在劳动教育中理解道德内涵

道德是人类生活与行为的共同价值追求，通常体现在社会主流意识

---

① 习近平. 习近平谈治国理政：第 1 卷 [M]. 北京：外文出版社，2018：168.
② 司马光. 资治通鉴 [M]. 沈阳：万卷出版公司，2009：7.

形态之中，是一种无形的规范。高校应将劳动教育融入思想政治理论课中，让大学生正确认识什么是道德、道德是如何形成的以及从道德的视角去评判由内而外的现象。新时代大学生多为"00后"，他们有着鲜明独特的个性，思想活跃，敢于创造。他们处在信息化、网络化时代，个性突出，能够快速适应新事物。他们的世界观、人生观和价值观仍处于发展养成时期，相对缺乏对社会的辨知能力，阅历较为疏浅，较容易受到多方面因素影响。劳动是理论与实践进行转化的途径，高校教师应在充分的理论基础上，改变灌输书本知识的方式，增加学生动手的机会，让学生体验真正的劳动，在体力劳动的过程中将正确的道德认知内化于心，达到理论教育与实践教育的内在统一。高校要在具体的劳动教育中引导学生树立正确的劳动观，反复斟酌理解"劳动创造了人本身"[①] 的内在意义，树立三百六十行，行行出状元，职业没有贵贱之分的正确观念，让大学生真实感受劳动对人生的意义，懂得劳动朴素而神圣的道理，认识到劳动对奋斗和幸福的重要意义，让他们在面对道德判断时能条件反射式地在脑海中做出正确的决定，提升他们的道德认知水平，真正认识何为道德。

（二）在劳动教育中凝聚道德情感

道德情感是在正确认知何为道德的前提下，以正确的道德意识对道德行为判断后所产生的主观情感。通常表现为直觉、形象、伦理这三种道德情感，有着评价、调节、传递的作用。所以道德的选择会受道德情感影响，并在某种条件下可以升华道德认知，在道德判断中起到积极的推动作用。新时代大学生思维活跃，课堂上对道德理论采取千篇一律的灌输式、说教式的方法，通常达不到设想的目标。对此，高校要为大学生搭建一个能够凝聚道德要素的平台，将其作为一个药房，而劳动教育就担当引子和药方的作用，以此提高大学生在正确认知道德的基础上增

---

① 中共中央马克思恩格斯列宁斯大林著作编译局. 马克思恩格斯选集：第3卷［M］. 北京：人民出版社，2012：988.

强其道德情感，剔除与其相悖的错误要素的能力，在具体劳动中使大学生潜移默化地形成道德自觉。高校新形态的劳动教育模式要让大学生身处于真实的道德环境中，以具体的体力劳动连接真实的情感，在接受劳动教育的过程中锻造、凝聚内心深处的道德情感，与正确的道德认知产生共鸣，加速道德理性与感性的相互交融。以理性来强化道德认知，进而更好地引导新时代大学生走出高校的象牙塔，抛弃慵懒与幻想，投身在现实的劳动中，贴近真实的劳动者与客观的社会，体会劳动成果的来之不易，产生对劳动者的认同与赞赏。以社会万千劳动者为师，让大学生在劳动教育中确立为美好生活而奋斗的崇高理想，向上向善，成为一个高质量的社会主义劳动者、建设者。

（三）在劳动教育中坚定道德意志

道德意志是以道德认知、道德情感为基础，在道德大环境中反复打磨下而形成的，坚定的道德意志能够在道德情境中自觉调节言行情感、克服困难障碍。在世界百年未有之大变局的时代背景下，伴随着诸多挑战和诱惑，新时代大学生在实现人生价值的过程中需从容应对各种风险与挑战，锻造坚定的道德意志。据现状分析，高校大学生群体中存在部分人道德意志薄弱抑或缺失的现象，因此，新时代大学生更需要在长期的体力劳动中锻造意志，吃得苦中苦，方可练就坚强品质。高校劳动教育会直接影响大学生道德意志的坚定程度。劳动是一个磨炼意志的过程，也是培养高校大学生坚强品质的有效途径，高校劳动教育要在环境中潜移默化地培养大学生抵抗挫折的能力。大学生只有在体力劳动教育中经受锤炼，时刻保持着作为社会主义建设者和接班人的那股干劲、冲劲，才能在面临抉择时作出正确的决定，以咬定青山不放松的韧劲去追求人生价值。

（四）在劳动教育中培养道德行为

道德行为作为一种外在的表现，体现着道德认知、道德情感、道德意志，是在道德基础上进行的社会行为活动，由行为习惯所展现。道德行为是道德内化与外化的作用过程，道德好似万丈光芒，照耀着新时代大学生养成道德行为习惯的前进之路，一次次劳动实践活动正是大学生道德行为习惯的量化，使大学生能够经受锤炼，以知行合一为目标，达到内化于心，外化于行的质变。习近平总书记指出，"幸福不会从天降，美好生活靠劳动创造"①，"社会主义是干出来的，新时代是奋斗出来的"②。亲自付诸的劳动实践会让大学生认知个人与集体、个人与社会的发展是认识和不断认识的过程，加深对中国国情、世界势情、人民愿情的理解，从而主动将小我融入社会乃至国家的大我中，以强大的底气和硬气为实现中国梦、中国式现代化而奋斗。高校劳动教育要让大学生在体力劳动中、在点滴的实践中培养良好的道德行为习惯，改变贪图享乐、轻松安逸的躺平式生活，要让大学生在顽强拼搏中涵养正确的世界观、人生观和价值观，拓宽认知格局。

二、劳动教育以增人之智为目标

智为人之韵。"智育是教育者有目的、有计划、有组织地以系统的科学知识和技能武装学生，发展学生智力的教育。"③ 智育在大学生全面发展的过程中有着至关重要的作用。劳动是智慧之晶，体力劳动与脑力劳动能够反哺智育，所以高校劳动教育也要融合于智育之中。恩格斯曾提出，"生产劳动给每一个人提供全面发展和表现自己的全部能力即体能和智能的机会"④。高校劳动教育要以促进智力发展、培养求知意识、拓展格局视野为目标，实现以劳增智，以智强劳。

---

① 习近平. 在知识分子、劳动模范、青年代表座谈会上的讲话［M］. 北京：人民出版社，2016：7—8.

② 习近平. 在全国劳动模范和先进工作者表彰大会上的讲话［M］. 北京：人民出版社，2020：4.

③ 石佩臣. 教育学基础理论［M］. 北京：教育科学出版社，2018：278.

④ 中共中央马克思恩格斯列宁斯大林著作编译局. 马克思恩格斯选集：第3卷［M］. 北京：人民出版社，2012：681.

（一）在劳动教育中增进智力发展

智力是一种综合多方面的能力，受多要素的影响。高校劳动教育对大学生智力发展有重要的推动作用，人在完成任何一种体力劳动时都绝不可能离开智慧的努力。体力与脑力相互交融的劳动，在劳动过程中抽象思维与身体其他部位共同配合能够激发大脑的深层创造力，在脑力劳动和体力劳动的循环作用下推动智力的发展。如同理论到实践，实践再到理论的循环往复下才诞生真理一样，实践出真知，高校劳动教育给大学生提供在实践中检验理论认知的机会，清晰了解实践与认识的相互作用，进而提高自身认知能力。将读万卷书与行万里路有机结合，健全大学生的成才体系，积累从感性认识到理性认识、具象思维到抽象思维的经验，在体力劳动与脑力劳动的相互作用下提升多方面的能力，体悟人生智慧。

（二）在劳动教育中培养求知意识

兴趣是最好的老师，是激发大学生对知识渴望的内驱动力。高校要在劳动教育过程中培养大学生的求知意识，新时代大学生掌握着更多元和新颖的方法获取理论知识，但如果仅将知识和想法停留在想的层面，很难有更深层次的理解。一些大学生对理论知识的学习多抱着三分钟热度，难以维持长期的热情与动力，劳动作为一味保鲜剂，一定程度上让大学生保持对理论知识学习的新鲜感。高校劳动教育为大学生提供平台，更好地为大学生提供以劳增智的机会，激发其钻研的热忱，使其在长久的探索中挖掘自身价值。新时代大学生是劳动实践的主体，在劳动过程中往往会发现很多问题，在问题中能获取多方面价值，特别是解决问题后获得的成就感，将这股成就化为自信，进而增强动手能力，激发求知意识。

（三）在劳动教育中拓展格局视野

在全面建设社会主义现代化国家的进程中，教育、人才、科技三者缺一不可，中华民族的伟大复兴需要创新来驱动。高校劳动教育要让大学生在劳动中能够主动参与、勤于思考、勇于探索和善于钻研，检验课堂所学的理论知识是否与实践有出入、与客观真理是否有偏差的同时，很大程度上可以提升思维判断力，开阔视野、拓展格局。高校劳动教育要让大学生能够在具体劳动中独自运用所学的理论知识，时刻锻炼其独立的能力和解决问题的魄力。另外，在体力劳动过程中更要拓宽所学知识的广度和深度，打开看待问题的视角，拓展格局，激发潜能。要达到在实践中自我丰富、在教训中自我剖析、在问题中自我总结、在探索中自我开拓的目的。善于发现并突破瓶颈，从而提高创造性劳动的能力，实现智慧型劳动的理想。

三、劳动教育以强人之体为目标

体为人之魄，大学生硬朗的身体素质是其全面发展的基础，没有强健的体魄何以承担民族复兴大任？劳动教育和体育是相得益彰的，高校劳动教育要在大学生体力劳动的过程中完成强身健体的目标。习近平总书记提出要坚持健康第一的教育理念并强调："少年强、青年强则中国强。少年强、青年强是多方面的，既包括思想品德、学习成绩、创新能力、动手能力，也包括身体健康、体魄强壮、体育精神。"① 高校劳动教育要以塑造大学生强健体魄为目标，在设计体力劳动教育具体方案中丰富大学生劳动的途径，让大学生在劳动中强身健体、健全人格，达到以劳强体、以劳康心的目标。

（一）在劳动教育中强健体魄

《2020 中国大学生健康调查报告》显示，当前中国大学生总体健康

---

① 中共中央文献研究室. 习近平关于青少年和共青团工作论述摘编［G］. 北京：中央文献出版社，2017：51.

状况趋于乐观，对健康生活方式的关注度趋于提高[①]。但在便捷的网络科技、泛娱乐文化以及网络游戏等相互作用下，部分大学生慵懒与缺乏锻炼的现象愈发普遍。"宅"和"不眠党"已然成了部分大学生的真实写照，慵懒已随处可见，更有甚者如果没有课，就成了晚上不睡、白天不起的夜猫子，大学生群体中有长时间缺乏运动、体质明显下降等问题的不在少数。体力劳动作为强身健体的重要途径，有着显著的锻炼效果。在高校劳动教育中，设计符合人体工程学的周期性体力劳动课程，锻炼大学生身体素质，使其尽可能地处在被动锻炼中，化被动为主动更是一种乐观的趋势。合理规范的体力劳动能够增强大学生的身体机能，调节精神状态。

（二）在劳动教育中健全人格

劳动积极影响着大学生的心理健康，是他们人格健全过程中不可缺少的部分。高校劳动教育引导大学生在劳动的过程中，感受集体的力量，提高团队部署和协作的能力，增强社会适应性。合理妥当的体力劳动可以有效地帮助大学生释放压力，舒缓心情，有效预防大学生的心理问题，培养其开朗、乐观的性格。同时，大学生能够在劳动实践中健全人格，在劳动过程中实现协调发展，成为体格健壮、意志坚定的时代新人。

四、劳动教育以育人之美为目标

美为人所求，美育是一种特殊的教育，在新时代大学生培养方案中体现出更高的要求。习近平总书记多次强调青年的美育工作并提出："坚持以美育人、以文化人，提高学生审美和人文素养。"[②] 劳动是生活中一切美的来源，高校劳动教育要让新时代大学生在劳动中感知美、创

---

① 中青在线. 2020 年中国大学生健康调查报告［EB/OL］(2020−01−03)［2023−05−25］. http://news. cyol. com//app/2020−01/03/content_18310706. htm.

② 中共中央党史和文献研究院. 十九大以来重要文献选编：上［G］. 北京：中央文献出版社，2019：653.

造美，实现以劳育美，以美促劳，劳美结合的目标。

（一）在劳动教育中感知美

美来源于人与自然的和合。劳动是人和自然联结的枢纽，日出而作、日落而息正是人类劳动与自然和谐一体的美好画面。生活中不是缺少美，而是缺少发现美的眼睛。人们在劳动的过程中感受美、在结果中创造美。高校劳动教育要让大学生体会事必躬亲之美，建构大学生符合主流审美旨趣的路径。

高校劳动教育要让大学生在劳动中发现自然之美、生活之美以及劳动之美。在获得劳动成果的愉悦中收获仓廪实的生活体验，体会收获之美，感悟满足之趣，感受劳动使客观事物发展的动静之美。高校劳动教育要着力让大学生在劳动过程中潜移默化地感知美并不断提升审美能力，形成质朴勤劳的审美情趣，帮助其有效地评判孰美孰丑。高校要引导新时代大学生在各种信息潮流的冲击下能够坚守对美认知的高地，保持正确判断，以良性的价值观欣赏美、感知美。

（二）在劳动教育中创造美

劳动创造了世界，也创造了美；劳动的要义在于实践，更在于创新，行走在创造劳动的康庄大道上，寄予未来无限的可能。马克思认为："劳动生产了美"[①]，"动物只是按照它所属的那个种的尺度和需要来构造，而人却懂得按照任何一个种的尺度来进行生产，并且懂得处处都把固有的尺度运用于对象；因此，人也按照美的规律来构造"[②]。人类能够在劳动中探寻美的规律，进行美的加工，产生劳动成果顺应自然规律的和谐之美，感悟劳动创造美。

高校劳动教育要让大学生站在发现美的视角上重新审视劳动，建构

---

① 中共中央马克思恩格斯列宁斯大林著作编译局. 马克思恩格斯选集：第 1 卷 [M]. 北京：人民出版社，2012：53.

② 中共中央马克思恩格斯列宁斯大林著作编译局. 马克思恩格斯选集：第 1 卷 [M]. 北京：人民出版社，2012：57.

劳动之美，在劳动中对美进行再塑造；让大学生的天赋与才华在劳动中得到充分展示，感受创造的魅力，激发创造的潜力，增强创新的信心，在创造美的过程中感悟美的真谛，内化于心、外化于行地塑造美好心灵；引导大学生对劳动生活葆有热忱与向往，对社会中的劳动者保持真与善，懂得以感性符号之式、独特视角之域，成内在质美之就。

（三）在劳动教育中传播美

人们往往对美有着最崇高的追求，高校劳动教育要让新时代大学生在劳动实践中联接世界，在劳动过程中凝聚成真诚可靠的劳动集体，在无声的行动中传达对劳动有声的热爱，在互相影响下传播美。这种美的传播也在劳动成果中得以充分展示，使大学生深受熏陶，感受劳动的美，激发对美好生活的向往，让劳动之美成为常态，从而在感知、创造和传播美的劳动中达到真善美的高度统一，升华人生境界。

第二节　整合创新型高校劳动教育内容要素

整合劳动教育内容是要素构建的基本环节，是高校教育体系的重点。构建高校劳动教育的内容要素应当紧紧围绕社会主义核心价值体系与社会主义核心价值观的基本要求，从而进一步落实教育为社会主义服务的方针，体现高校立德树人的根本目标，促进学生德智体美劳全面发展。在满足大学生发展需要的同时，为经济社会发展提供高质量的劳动力支撑，顺应时代发展的要求。

因此，新时代高校劳动教育的内容要素构建应包括五个方面，依照特殊层次组合，体现对应的教育价值。第一，马克思主义劳动基本理论教育可以教授大学生科学的劳动观，深化大学生对劳动的概念性认识；第二，中华民族优秀传统劳动理念教育可以教授大学生中国先贤们的劳动美德，让他们在继承优秀传统文化的同时发扬传统劳动美德；第三，劳动模范精神教育可以让大学生感同身受地体验劳动者的责任与使命，增进劳动热情；第四，创新创业理论教育可以让大学生了解创造性劳动对全民族发展的重要性；第五，劳动技能教育可以让大学生掌握生存所需要的基本劳动技术与技能，从而其增强社会适应性。

一、马克思主义劳动基本理论教育

马克思主义理论是被多年实践所证明的科学理论，是与时俱进、不断发展的科学。马克思主义劳动基本理论教育是高校劳动教育的重要内容，主要由劳动的作用、异化劳动等构成。

（一）马克思主义的劳动观教育

"劳动创造了人本身"①，劳动理论是马克思主义理论中的重要部分，人类的主观劳动是人之所以区别动物，成为所谓的自然人的先决条件。劳动是人的本质特征，一定意义上是劳动创造了人。正如马克思所说："一个种的整体特性、种的类特性就在于生命活动的性质，而自由的有意识的活动恰恰就是人的类特性。生活本身仅仅表现为生活的手段。"② 马克思认为，"整个所谓世界历史不外是人通过人的劳动而诞生的过程，是自然界对人来说的生成过程"③，人类劳动在生产赖以生存的物质资料的同时也在推进人类社会的进步。高校劳动教育要让大学生充分了解马克思主义劳动观的基本内容与价值，从而使他们树立正确的劳动观念，重视劳动。习近平总书记提出，"必须牢固树立劳动最光荣、劳动最崇高、劳动最伟大、劳动最美丽的观念"④。高校要用"四个最"

① 中共中央马克思恩格斯列宁斯大林著作编译局. 马克思恩格斯选集：第 3 卷 [M]. 北京：人民出版社，2012：988.
② 中共中央马克思恩格斯列宁斯大林著作编译局. 马克思恩格斯选集：第 1 卷 [M]. 北京：人民出版社，2012：56.
③ 中共中央马克思恩格斯列宁斯大林著作编译局. 马克思恩格斯文集：第 1 卷 [M]. 北京：人民出版社，2009：196.
④ 习近平. 习近平谈治国理政：第 1 卷 [M]. 北京：外文出版社，2018：46.

的劳动观武装大学生头脑，加大"四个最"的教育力度，一定程度上印证了人民群众是历史创造者的唯物史观，推动社会发展的根本动力就是劳动，与思想政治教育理论课相呼应。高校要使大学生明白劳动教育的重要性，知晓劳动给人带来成就，彻底摒弃躺平、妄想一夜暴富等错误想法，无差别地尊重一切劳动者与劳动成果、一切体力劳动与脑力劳动。

（二）劳动价值及异化理论教育

威廉·配第从财富发展的角度较早地发现财富来源于流通领域，认为土地是财富之母，而劳动则是财富之父。亚当·斯密也指出劳动是衡量价值交换的尺度。马克思创造性地提出了劳动二重性理论，发现了剩余价值。劳动价值理论再一次强调了劳动的重要性，劳动使人获得生存的必要物质条件，使人获得幸福。在全面建设社会主义现代化国家的今天，每个大学生都要树立远大理想。幸福生活都是奋斗出来的，只有付出劳动才能得到幸福，才能使人自由而全面的发展。同时也要认识到，在现有的经济社会条件下，特别是资本主义国家，劳动演变成了异化的谋生手段，违背了劳动本是自愿、快乐的一种实践活动，异化劳动呈现出雇佣与被雇佣的劳动关系，阻碍着人自由而全面的发展，异化劳动最终会造成人的异化。因此，让大学生了解马克思主义劳动价值与异化劳动理论才能厘清人类的解放与劳动的内在关联性。高校要教育大学生认识劳动的实际价值，进而提高劳动教育的实效性。

二、中华优秀传统劳动理念教育

夙兴夜寐，洒扫庭内。中华泱泱五千年的民族文化，凝结了中华民族对勤劳的崇尚，热爱劳动一直是中华民族的传统美德。习近平总书记指出："中华文明源远流长，蕴育了中华民族的宝贵精神品格，培育了中国人民的崇高价值追求。自强不息、厚德载物的思想，支撑着中华民族生生不息、薪火相传，今天依然是我们推进改革开放和社会主义现代化建设的强大精神力量。"① 纵览中华文明发展史，劳动是推动社会进步最直接的因素。新时代高校劳动教育需辨别传统文化中糟粕的劳动思想，习近平总书记提出："去粗取精、去伪存真，继承和弘扬中华民族优秀文化。"② 应将中华优秀传统劳动理念教育作为新时代高校劳动教育的重要内容之一，在全面建设社会主义现代化国家的进程中不断继承和发扬中华优秀传统文化中的劳动理念。

勤劳是中华传统美德的重要内容，是弘扬了几千年的优良品格。古代典籍中有着对劳动的大量记载，尤其是广为传唱的《诗经》，其中记载着大量古人劳动的场景，大到王公贵族，小到平民百姓，歌颂其朴实生动的劳动生活，远不只耳熟能详的《蒹葭》《苤苢》，《论语》中有言："爱之，能勿劳乎?"③ 爱一个人，就要鼓励他勤劳，好逸恶劳则是万恶之源。《左传》将俭列为道德的要求，认为奢侈是万恶之首。荀子在《天伦》中指出："强本而节用，则天不能贫。"④ 墨子甚至自己动手做桌椅。墨子曾说："今人此异者也，赖其力者生，不赖其力者不生。"⑤墨子认为劳动是人赖以生存最基本的前提，是财富创造的源泉，劳者得息更是印证了这一点。正是秉持优越的劳动理念，中华民族造就了灿烂的中华文明，在诸多领域取得了举世瞩目的成就。中国的农耕文明延续了数千年，影响着一代又一代的中国人，耕读文化更是经久不衰，传承千年。东汉许慎对耕读做了进一步的分析，得出耕即犁田，读即诵书的结论。耕指的是从事农业生产劳动，耕田可以养家糊口，满足生存的物质需要。读即读书，读书可以知书达理，进而修身立德。耕读是一种半耕半读的学习方式，北齐颜之推在《颜氏家训》中指出："保俸禄之资，不知有耕稼之苦；肆吏民之上，不知有劳役之勤，故难可以应世经务

① 习近平. 习近平谈治国理政：第 1 卷［M］. 北京：外文出版社，2018：158.
② 中共中央文献研究室. 习近平关于社会主义文化建设论述摘编［G］. 北京：中央文献出版社，2017：144.
③ 陈晓芬. 论语［M］. 北京：中华书局，2016：183.
④ 梁启雄. 荀子简释［M］. 北京：中华书局，1983：220.
⑤ 李小龙. 墨子［M］. 北京：中华书局，2016：152—153.

也。"① 曾国藩认为耕读是传家的长久之计，正是通过耕读来实现体力劳动与脑力劳动的结合，以此实现士人修身齐家治国平天下的远大抱负。②

中国古代劳动人民有着吃苦耐劳的坚韧品质，形成了团结进取的劳动精神，古诗词中有着无数咏叹劳动的篇幅。东晋陶渊明更是热爱劳动的典型代表，《归园田居·其三》表述了他即使劳动有多么辛苦，内心依然坚定对劳动的热爱。唐代李白的《秋浦歌》描述了人民即使在夜晚，也要点着炉火，劳动与歌声结合的场景。唐代李绅的《悯农》更是人尽皆知的，体恤劳动人民的辛勤劳动。南宋范成大在《四时田园杂兴》中用简单的七言绝句，描绘了一幅昼伏夜出，村庄男女老少共同耕作劳动的画面。高校劳动教育要将中华文化的精华融入教育内容之中，以精华教育新时代大学生。

三、劳动模范精神教育

"劳动模范是民族的精英、人民的楷模，是共和国的功臣。"③ 1950年至今，我国先后召开了十多次表彰大会，表彰全国劳动模范和先进工作者超三万人次。高校要重视劳动模范精神教育，劳动模范时刻为祖国奋斗着，是新时代的英雄，他们始终以朴实的劳动，与中国同成长、与时代共奋进。习近平总书记指出："劳动模范身上体现的'爱岗敬业、争创一流，艰苦奋斗、勇于创新，淡泊名利、甘于奉献'的劳模精神，是伟大时代精神的生动体现。"④ 高校要正确认识劳动模范精神对劳动教育的重要性，将其融入劳动教育的内容之中。

劳动模范所展现出的劳动精神是民族精神与时代精神的集中体现。自新中国成立以来，涌现出数不胜数的劳动模范，除了广为大家传颂的

---

① 颜之推. 颜氏家训 [M]. 天津：天津人民出版社，1998：182.
② 曾国藩. 图解曾国藩家书 [M]. 宗贤书院，释译. 合肥：黄山书社，2015：352.
③ 习近平. 在全国劳动模范和先进工作者表彰大会上的讲话 [M]. 北京：人民出版社，2020：2.
④ 习近平. 在知识分子、劳动模范、青年代表座谈会上的讲话 [M]. 北京：人民出版社，2016：8.

李四光、钱学森、王进喜、时传祥等，还有在 2020 年抗击新冠病毒肺炎疫情中的众多劳动模范与先进工作者。在劳动模范教育中，在不忘过往劳动模范的基础上，结合最新的劳动模范典型进行教育，可以提高劳动教育的生动性。表 5－1 为官方公布的 2020 年全国劳动模范和先进工作者名单。

表 5－1　2020 年全国劳动模范和先进工作者名单（部分）[①]

地区	姓名	性别	工作单位	职称
北京市	孙泽洲	男	北京空间飞行器总体设计部	研究员
天津市	范乃成	男	天津七一二通信广播股份有限公司通信部维保公司维修组	高级技师
河北省	刘艳红	女	石家庄市公共交通总公司监察大队	助理经济师
山西省	马黎明	男	山西西山煤电股份有限公司镇城底矿通风科监控队	高级技师
内蒙古自治区	孟根花（蒙古族）	女	内蒙古伊利实业集团股份有限公司奶粉事业部质量管理部	助理工程师高级工
辽宁省	赵奇峰	男	中国石油天然气股份有限公司辽河油田分公司欢喜岭采油厂采油作业三区	高级技师
吉林省	金涛（回族）	男	一汽大众汽车有限公司轿车一厂焊装车间维修工段	高级技师
黑龙江省	荀笑红	女	哈尔滨排水集团有限责任公司荀笑红班组	技师
上海市	王平	男	中国船舶工业集团公司第七○八研究所	研究员
江苏省	吕雪瑾	女	南京新街口百货商店股份有限公司客服中心	营业员技师高级美容师
浙江省	徐川子	女	国网浙江省电力有限公司杭州供电公司滨江供电分公司市场客户部（互联网事业部）	国家一级注册计量师高级工程师高级技师

① 中华人民共和国中央人民政府网. 2020 年全国劳动模范和先进工作者名单［EB/OL］.（2020－11－25）［2023－01－01］. http://www.gov.cn/xinwen/2020－11/25/content_5563960.htm.

地区	姓名	性别	工作单位	职称
安徽省	王开库	男	安徽送变电工程有限公司变电分公司	高级工程师
福建省	陈国信	男	国网福建省电力有限公司厦门供电公司	工程师 高级技师
江西省	邓建新	男	南昌市政公用投资控股有限责任公司	高级经济师
山东省	年夫顺	男	中电科仪器仪表有限公司电子测试技术重点实验室	高级工程师
河南省	李红霞	女	中国中钢股份有限公司、中钢集团洛阳耐火材料研究院	正高级工程师
湖北省	黄昕 （瑶族）	男	武汉建工集团股份有限公司	正高职高级 工程师
湖南省	廖丽萍	女	国网湖南省电力有限公司株洲供电分公司变电检修室	高级技师
广东省	曾俊钦	男	广汽本田汽车有限公司生产本部车身部焊装三科车身1系CB2班	技师
广西壮族自治区	玉燕玲	女	南宁市西乡塘区环境卫生管理站清保综合服务队	不详
海南省	王忠	男	中国邮政集团有限公司海南省信息技术局技术开发部	高级资深软件开发师 工程师
重庆市	王莉佳	女	国网重庆市电力公司江北供电分公司空港变电运维班	高级技师
四川省	姜文盛	男	成都飞机工业（集团）有限责任公司	研究员级高级 工程师
贵州省	陈刚 （苗族）	男	贵阳市城市轨道交通集团有限公司土建工程部	高级工程师
云南省	王清红	女	云南昆明交通运输有限责任公司安宁分公司、安宁公交有限公司	高级经济师
西藏自治区	平拉 （藏族）	男	拉孜县扎西宗乡利民民族手工业加工农民专业合作社	不详
陕西省	何菲	女	咸阳纺织集团有限公司一分厂纺织部车间赵梦桃小组	中级工

地区	姓名	性别	工作单位	职称
甘肃省	孙青先	男	中国石油天然气股份有限公司兰州石化分公司石油化工厂乙烯联合车间	高级技师
青海省	于本蕃	男	中国铁路青藏集团有限公司格尔木工务段望昆线路车间	初级技术员
宁夏回族自治区	刘东苗	女	中国电信股份有限公司宁夏分公司市场部客户经营中心	高级工程师
新疆维吾尔自治区	艾热提·吾买尔江（维吾尔族）	男	新汶矿业集团（伊利）泰山阳光新型建材有限公司	不详

唯其艰难，方显勇毅；唯其磨砺，始得玉成。新时代高校劳动教育中劳动模范精神教育应包括以下三个方面。

（一）劳动模范的敬业精神

敬业是社会主义核心价值观个人层面的具体要求，也是从历届劳动模范中提炼的基本品质之一。劳动模范爱岗敬业、争创一流，流露出他们对所在岗位的真挚热爱，彰显着崇高的社会责任与历史使命，在平凡的岗位上创造出不凡的人生。将劳动模范的敬业精神融入高校劳动教育之中，在劳动教育的过程中弘扬伟大劳模精神，讲述劳动模范的敬业故事，让大学生切实感受敬业精神的真谛，自觉践行社会主义核心价值观，树立敬业的劳动观。

（二）劳动模范的奉献精神

劳动模范有着淡泊名利、甘于奉献的崇高境界，中国各个时期的劳动模范皆如此。"历史承认那些为共同目标劳动因而自己变得高尚的人是伟大人物；经验赞美那些为大多数人带来幸福的人是最幸福的人……"[①] 以劳动模范的典型案例，使大学生真正地了解到什么是真正的奉献，从而能够正确处理各种利害关系，为全面建设社会主义现代化强国而接续奋斗。

（三）劳动模范的创新精神

创新始终是引领发展的动力，抓住创新就是抓住未来。创新是新时代劳模精神的体现，劳动模范所展现的革故鼎新、敢为人先的精神是大学生学习的榜样。大学生学习劳动模范的创新精神，不仅可以点燃他们劳动创新的激情，而且可以让他们理性面对创新劳动过程中遇到的艰难险阻，从而激发斗志，愈战愈勇，突破创新路上的瓶颈，到达新的高度。

四、创新创业理论教育

劳动最本质的特征在于它的创造性，在世界百年未有之大变局的形势下，全球科学技术和产业正发生着巨大的变革，尖端技术的竞争越来越大，创新更是重中之重。2013 年 9 月 30 日，习近平总书记在十八届中央政治局第九次集体学习时强调："要深化教育改革，推进素质教育，创新教育方法，提高人才培养质量，努力形成有利于创新人才成长的育人环境。"[②] 新时代以来，中国取得了举世瞩目的伟大成就，随着改革进入深水区，社会经济形势发生了巨大变化，必须转变经济增长方式，走创新驱动发展的可持续之路，以创新引领新发展。高校劳动教育与创新创业教育有着内生统一性，在高校劳动教育中培养大学生成长为创新型的高素质人才，有助于中国创新型国家的建设。

2014 年 9 月 10 日，李克强在夏季达沃斯论坛上提出"大众创业、

---

① 中共中央马克思恩格斯列宁斯大林著作编译局. 马克思恩格斯全集：第 40 卷 [M]. 北京：人民出版社，1982：7.

② 中共中央文献研究室. 习近平关于社会主义经济建设论述摘编 [G]. 北京：中央文献出版社，2017：129.

万众创新"的理念，随后在冬季达沃斯论坛上又将大众创业、万众创新视为新常态下中国经济腾飞的动力之源。2018年9月10日，习近平总书记在全国教育大会上强调："把创新创业教育贯穿人才培养全过程，建立健全学科专业动态调整机制，加快一流大学和一流学科建设，推进产学研协同创新，积极投身实施创新驱动发展战略，着重培养创新型、复合型、应用型人才。"① 当前，在《关于全面加强新时代大中小学劳动教育的意见》的指导下，全国各高校都开设了大学生创新创业的课程，也紧跟发展潮流举办了不同形式的大学生创新创业比赛，取得了较大成就。

高校劳动教育中创新创业教育主要应围绕以下两个方面的内容展开。

（一）劳动与创新创业的关系教育

劳动与创新创业关系紧密，只有艰苦奋斗、辛勤劳动，才能让创新创业取得成功。创新创业教育与劳动教育有着目标统一性，创新创业教育离不开劳动教育的价值引领，同时，劳动教育的理论也离不开创新创业的实践。脱离劳动实践，纯理论的创新创业教育不过是纸上谈兵罢了，或者是为了满足教育部对高校课程设置的检查需要。个别大学生仍然沉溺在相对闭塞的校园生活中，认为创新创业相距甚远，在大学期间始终"两耳不闻窗外事，一心只读圣贤书"。创新创业是建立在辛勤劳动之上的突破性思维，因此，高校劳动教育要以劳动与创新创业的相互关系为主要内容，向大学生灌输劳动创新观，让他们肩负社会责任感，提升创新意识和创业能力，成为具有创造力的时代新人。

（二）以劳动教育培养创新创业意识

创新创业过程中，劳动教育扮演着重要角色，高校要完善大学生人才培养体系，体现全面发展教育，要做到以劳创新。现阶段高校创新创

---

① 习近平. 习近平谈治国理政：第3卷［M］. 北京：外文出版社，2020：350.

业教育更多只注重创新创业的能力，缺乏对创新创业意识的培养。在劳动教育中融入创新创业教育，有助于增强高校创新创业教育的普适性，拓宽创业资源的覆盖面，有助于促进大学生培养创新创业意识。

五、劳动技能教育

高校劳动教育的内容还应当包括对劳动技能教育，劳动技能教育旨在让大学生基于一定的劳动观念下，因材施教地让其掌握与所学专业相关的劳动技能。列宁指出："没有年轻一代的教育和生产劳动的结合，未来社会的理想是不能想象的：无论是脱离生产劳动的教学和教育，或是没有同时进行教学和教育的生产劳动，都不能达到现代技术水平和科学知识现状所要求的高度。"[①] 高校将劳动技能教育作为内容之一，是顺应时代发展的方向，培养大学生知行合一的重要途径。

（一）基本劳动技能

随着经济社会的快速发展，人类所赖以生存的基本劳动技能也面临着时代的挑战。大学是大学生进入社会前的过渡阶段，基本的生存技能是大学生融入社会的基础，是他们在社会劳动中赖以生存的手段。高校在劳动教育过程中要充分研究目前社会对基本劳动技能的需求情况，预测未来劳动技能发展方向，结合大学生劳动技能的掌握情况，融入劳动新形态、信息新形态、产业新形态的发展内容，依时而变地对大学生进行基本劳动技能教育。

高校要完善大学生人才培养计划，制定适用于不同专业、能力的大学生培养方案，以端正大学生正确的劳动态度为前提，以提高他们实际劳动能力为过程，能够让大学生熟练地掌握同专业相关的基本劳动技能，进而增强他们对自身所学专业的认可度，提升对未来从业的自信。

---

① 中共中央马克思恩格斯列宁斯大林著作编译局. 列宁全集：第 2 卷 ［M］. 北京：人民出版社，2013：463—464.

（二）创新劳动技能

世界处于不断的变化与发展之中，人类社会也不外乎如此。相较于已灭绝的文明古国，正是中华民族不断追求劳动创新的精神，才顺应了历史发展潮流。劳动技能的创新在社会进步与人的全面发展中起着十分重要的作用。高校要洞悉国内外劳动技能需求的新态势，进一步围绕大众创业、万众创新的理念，充分结合在校学生的专业，融入新技术、新方法的教学内容，进而让大学生在新知识的碰撞中擦出创新劳动技能的火花。

（三）锻炼劳动技能

高校要通过多种渠道与当地企业联系，搭建校企合作的桥梁，共同打造稳定扎实的劳动技能实训专用基地。在企业高精尖科技与社会的辅助下，让大学生认识到适应时代发展的高级劳动技能需求，使得他们在参与一线劳动中认识到已有的技能缺陷，进而弥补、提升劳动技能。此外，企业还要主动承担社会责任，不能一味地追求经济效益而忽视社会效益，积极与高校合作建立劳动教育基地，增强对劳动教育基地的管理，与高校形成良性的合作发展关系，从而为大学生提供更为多元化的实习岗位和技能培训平台。

第三节 实现全方位高校劳动教育管理要素

对劳动教育的管理是高校劳动教育育人过程中的基本保障，在育人过程中起着最基础的推进作用，是至关重要的因素之一。应确立劳动教育的多元物质保障机制、完善劳动教育的协同育人培养机制、建立常态化的劳动教育时空机制，进而对高校劳动教育进行全方位管理。

一、确立劳动教育的多元物质保障机制

高校进行劳动教育的过程离不开坚实的物质基础，劳动教育是集多方面要素为一体的教育，有着较高的物质需求，因此在管理机制中物质上的保障尤为重要。具体而言，高校劳动教育应健全经费投入管理机制，完善基建保障管理机制。

（一）健全经费投入管理机制

高校要加大对劳动教育的专项经费投入，同时严格管理经费，确保该专项经费发挥应有的作用。目前，众多高校对应增设了一系列劳动教育课程，新设置的课程仍处于起步探索阶段，正值需要大量资金支持之际。高校必须将保障劳动教育所需的经费列入全年支出预算，建立专业的教学部门，投入教育与科研经费，以保证高校能够开好劳动教育课程。同时，高校劳动教育与思想政治教育密不可分，为确保顺利开展劳动教育，要明确劳动教育在思想政治教育中额外的经费占比，按一定的比例把劳动教育所需经费分离，做到专款专用。加强对劳动教育专职教师的培育，加强理论研究、实际调研、主要场地等经费的投入，以保证劳动教育占据天时、地利、人和，做到高质量育人。此外，要加大在日常生活中劳动教育经费的投入，高校劳动教育不能仅仅停留在课堂的理论中，日常生活的劳动教育承担着润物无声的作用，课外实践教育活动等日常劳动教育也需要经费支持。高校可以建构日常劳动奖惩机制，抽调部分专项资金并结合多种资金吸纳方式，表彰优秀教师与学生。

（二）完善基建保障管理机制

高校要因校制宜地开辟劳动实践场地，构建社会、校园共享的劳动实践基地，以此拓展高校劳动教育的实践范围，改善已有的教育条件，保障劳动教育不被场地所限制。由于劳动实践场所等基础设置建设的周期较长、经费投入高，应在高校发展总体规划中纳入劳动教育场地与设

施建设的部分，保证有足够的经费预算能够切实执行建成。目前，高校正在向产业化方向改革，必将为大学生劳动实践教育提供有利的条件。新时代高校劳动教育更应将理论与实践相结合，高校应对接后勤集团，进而打通学生公寓、学校食堂等公共场合的劳动实践通道，与劳动教育做到互联互通，并提供一定的资金支持。高校应与地方政府沟通，积极构建政校联盟，获得政策支持与经费支撑，打造"政校企社"大联盟，合力开拓大学生劳动实践的场所，建立可持续的校外实习和劳动实践基地，进一步打通大学生校外劳动的通道。此外，高校有必要营造全员劳动的校园氛围，充分发挥宣传作用，加强校报、高校宣传栏、校园广播、校园网站、微信公众号等媒介的建设，多方面开设劳动教育专栏，促进高校劳动教育的发展。

二、完善劳动教育的协同育人培养机制

2016年12月7日，习近平总书记在全国高校思想政治工作会议上指出："要坚持把立德树人作为中心环节，把思想政治工作贯穿教育教学全过程，实现全程育人、全方位育人，努力开创我国高等教育事业发展新局面。"[①] 习近平总书记的讲话从另一角度强调了高校劳动教育需完善协同育人的培养机制。为了进一步提高大学生培养效果，高校劳动教育必须作为系统性工程来建设，制定全员、全过程、全方位的"三全育人"机制。

"三全育人"需要结合社会、高校、家庭等多方面的力量，完善协同育人机制，确保大学生从入学到毕业全过程接受劳动教育，保障时间空间的连续性，提高劳动教育的效果。

2019年3月18日，习近平总书记在学校思想政治理论课教师座谈会的讲话中指出："要建立党委统一领导、党政齐抓共管、有关部门各负其责、全社会协同配合的工作格局，推动形成全党全社会努力办好思

---

① 习近平. 习近平谈治国理政：第2卷［M］. 北京：外文出版社，2017：376.

政课、教师认真讲好思政课、学生积极学好思政课的良好氛围。"① 高校劳动教育要坚持高校党委领导,以党政共管的良性机制执行"三全育人"的劳动教育方针,保证劳动教育落实到位,贯穿始终。领导者更应垂身示范,树立起辛勤劳作的榜样,形成从上到下、以点带面的劳动教育典型示范。高校劳动教育从来都不仅仅是教师、辅导员的专职工作,而是需要全校教职工、师生共同努力,把握劳动在不同专业大学生身上的显性特征,形成高校劳动教育全过程育人格局。

高校劳动教育的全过程育人要重视发展规律,党政干部要树立整体意识,总览全局,联合多方力量,加大对劳动教育人力、财力、物力的投入,做到劳动教育全过程覆盖。除了发挥思想政治理论课主渠道教育,还要做好对大学生的日常管理。高校劳动教育要做到教书育人、管理育人、服务育人相结合,建立教学、科研、管理等方面与劳动教育相结合的机制。高校党委领导需重视劳动教育育人的实效,做好顶层设计,营造良好的高校劳动教育育人的整体环境,扩大隐性教育的影响,做到高校内劳动教育全覆盖。完善高校、社会、家庭的协同育人机制。高校、社会、家庭在高校劳动教育过程中起着重要作用,高校是进行劳动教育的主阵地,依照国家对劳动教育制定的总方针进行科学的教育。社会教育的影响力尤为广泛,社会教育的开放性一定程度决定了高校劳动教育的无时间限制性。家庭教育"主要方式是以行导人,以情感人,潜移默化地进行教育"②。三者在高校劳动教育的过程中扮演着不同的角色,完善高校、社会、家庭的协同育人机制,协调构建劳动教育大环境,融合各方力量形成强大合力,使劳动教育事半功倍。完善劳动协同培养机制应做到建立高校、社会、家庭一体的教育机制,在各级党委的领导下,保证高校所制定的劳动教育方针、目标、原则、内容的统一,只有思想划一、目标一致、要求统一才能形成强大合力。在高校、社会、家庭教育协调统一的前提下,做到优势互补。高校要在协同育人的

---

① 习近平. 习近平谈治国理政:第3卷 [M]. 北京:外文出版社,2020:331.
② 教育部思想政治工作司. 思想政治教育原理与方法 [M]. 北京:高等教育出版社,2010:275.

劳动教育机制中起主导作用，深入研究和探索适合当代大学生的劳动教育方式与方法，与社会机构、家长以及企业建立良好的关系，主动担负起协调各方的重任。高校应与企业、社会形成有效沟通机制，形成高校与地方政府常态化合作，得到地方政府的重视与支持，并推进与企业的"产学研合作"，确保高校劳动教育获得政策与物质支持。高校可成立专门的负责部门，主要负责对接家庭与高校的工作，建立起高校与家庭有效的联络机制，利用高校辅导员、班主任与大学生紧密联系，保持与学生家长的长期联系与互动。通过建立微博、抖音、快手、微信公众号等社交平台，多形式地宣传高校劳动教育的理念和方法，帮助家长提高劳动教育的能力与水平。

三、建立常态化的劳动教育时空机制

高校劳动教育是一个以时间和空间为纽带的大跨度过程，管理好劳动教育的时间和空间才能更好地实现教学相长。现有的教学条件下，时间是高校劳动教育育人的制约因素之一。一些高校与学生的重视远远不够，一直视劳动教育为可有可无的课程。单从时间的维度来看，高校普遍存在劳动教育课程安排不到位、课程时间受挤压导致课程时间总量少和劳动教育课程时间的有效利用率不高等问题。

高校要合理安排劳动教育时间，完善劳动教育课程实施体系。高校要完善劳动教育的学科建设体系，从时间体系上改变原有的模式，提高劳动教育课程的地位。与其他课程共同发展，给予合适的学分，安排合理的学时，保障大学生每学期的劳动教育课程在 30 学时以上，尽量保证每周都有计划的课程。在尽量保障课程时间的同时，可以打破空间对劳动教育教学的限制。高校可利用线上学习交流平台，让教师和大学生了解并关注劳动教育内容。将劳动教育并入通识课范畴，积极开展劳动教育的第二课堂，把通识课内容和第二课堂教育纳入教师教学工作量的统计范围中，把劳动相关课程纳入学生学年的综合测评中。做好高校劳动教育的顶层设计，以绩效奖励教师在线上进行劳动特色视频教育，鼓励教师利用寒暑假时间，将学习视频上传至高校劳动教育网站，开展多样化教学，引导大学生在闲暇之余主动参与讨论和实践，充分发挥复合时间的价值，将劳动教育的课堂从教师单向的灌输转变为学生逆向的求知。

高校要努力构建常态化的时空机制，摆脱高校劳动教育受时空的桎梏。在信息化背景下，信息化多功能教室也在逐渐普及，高校劳动教育的场所也不再局限于传统的课堂，教学的空间也从室内到室外、实体空间到虚拟空间延伸。对高校劳动教育而言，其现实的空间主要依托于教室、教育平台及劳动基地，虚拟的空间主要依托于各种自媒体平台。在高校新建劳动教育基地的同时，鼓励劳动教育走出校门，大力推动高校与政府部门、企业、社会携手共建劳动育人基地，为高校教师提供劳动实践教学平台，为大学生提供劳动基地、实习基地。高校劳动教育是抽象的教育，这一专属特性也是其可以将教学空间延伸至网络的基础，有助于教师通过情景模拟吸引大学生的关注度，进而激发他们的劳动兴趣。高校之间实现信息互通，相互借鉴优秀劳动教育方法。可以不定期组织教师与学生到国内外劳动教育先进高校进行访学交流，加快教师、学生在物质空间及精神空间上的发展，实现产学研究、合作教育的嵌入式协同育人。

第四节 建立多样化的高校劳动教育评价体系

新时代高校劳动教育承载着重要使命，如何构建合理且多样化的评价体系是高校劳动教育育人模式建构中的关键。怎样评价现阶段高校劳动教育的实际情况，与既定目标是否存在偏差，都需要多样化的评价体系。在新时代高校劳动教育育人的评价体系中，需着重关注评价理念、评价内容、评价方法与评价过程。以突出发展导向，重劳动观养成为评价理念；以劳动素养为基，完善评价指标为评价内容；以质性评价为主，量化评价为辅为评价方法；以标记劳动过程，劳动建档考核为评价过程，从理念、内容、方法、过程四位一体的评价体系构建中达到既定的教育目标。

一、以突出发展导向，重劳动观养成为评价理念

劳动观是在接触劳动、深入劳动的过程中对劳动的看法，对高校劳动教育的评价要重点关注劳动教育的本质，与时俱进地完善评价标准。总的来说，新时代对高校劳动教育的评价在以劳动教育成果评价为基础的同时，也不能忽视对过程的评价，大学生是否在劳动教育中养成了正确的劳动观是主要评价理念。

（一）要突出劳动教育的发展导向

在现有的高校劳动教育评价体系下，主要以劳动教育课程是否达到了课时需求量、课程教学任务是否完成、学生课程成绩合格与否等来检验劳动教育的实效。显然，这种唯结果论的单一理念来评价劳动教育的结果与劳动教育的客观规律相悖。高校劳动教育不同于其他的教学活动，它具有完整性、场域性和过程性，"总是在特定的情境和场域中，通过真实的劳动过程而实现的"[①]。完整性、场域性和过程性也意味着对劳动教育的评价不能单一地依照劳动知识的结果层面，更要参照大学生在日常生活中的劳动体验。高校劳动教育要着重关注学生多方面的成长，建立一个长周期性反馈学生劳动观的认知标准。在高校劳动教育的评价过程中，要坚持多阶段评价，把成绩作为一定的参考要素，更多地注重学生的劳动参与，杜绝唯结果论，更要把握劳动教育育人的过程，做到知识理论与具体实践并重、结果与过程并行。

---

① 曾天山，顾建军. 劳动教育论 [M]. 北京：教育科学出版社，2020：394.

（二）以劳动观的养成为评价理念

劳动教育具有鲜明的思想性，必须将马克思主义劳动观贯彻始终。高校劳动教育的重点就是培育大学生形成正确的劳动观，除了最基本的劳动知识和技能，还要在教育过程中引导大学生树立正确的劳动观。目前，据调研众多高校劳动教育的情况来看，许多高校对劳动教育的总体评价依然局限于学生对于劳动理论知识的层面，缺乏对体力劳动的教育评价，以简单的分类对学生劳动进行及格与否的评定，这种唯结果论是不可取的。高校劳动教育评价应以培养学生正确劳动观的养成以及动手能力为主要标准。

二、以基于劳动素养，完善评价指标为评价内容

高校劳动教育育人的重点是培育大学生的劳动素养，新时代高校劳动教育评价面临的重大课题是大学生作为时代新人需在劳动教育中具备何种劳动素养。"从本质上看，劳动素养是学生在劳动学习中情感态度价值观、知识与技能、过程与方法的综合实现，是学生在各种复杂、不确定的情境中通过劳动实践解决现实问题的能力与品质。"[①] 高校劳动教育评价应以大学生是否掌握关于劳动知识与相关专业技能、是否养成劳动习惯与热爱劳动的品质、是否树立正确且科学的劳动观念以及劳动素养为尺度。其中，大学生在接受劳动教育过程中获得的劳动的基本知识与能力是关于劳动知识与相关专业技能评价指向，劳动知识与技能的形成过程及采用的方法是劳动习惯与品质评价探究，形成积极的劳动情感、正确的劳动态度和科学的劳动观是科学劳动观念的评价导向。这三者对于高校劳动教育育人的评价是辩证统一的有机整体，相互联系、相互影响。以劳动的知识、习惯、观念所建构的"三位一体"评价体系是深刻把握高校劳动教育改革的基本理念，是与时俱进发挥高校劳动教育

---

① 曾天山，顾建军. 劳动教育论［M］. 北京：教育科学出版社，2020：383-384.

育人的具体表现，即表现为高校劳动教育在重视劳动知识与专业技能教育的同时，兼顾学生养成良好的劳动习惯与品质，更要传递给大学生正确的劳动观念。

为了将高校劳动教育评价落实到位，高校要以多样化的评价指标构建评价体系，评价指标是对各方面相互联系的部分作为一个有机整体进行多维评价。为了制定高校劳动教育科学化的评价标准，高校要遵循整体、动态、到位、量化等基点来建构指标体系。大学生是否掌握了基本的劳动知识和技能是评价劳动知识与技能教育的基础指标，是否形成良好的劳动习惯和劳动品质是评价劳动习惯与品质教育是否达成的基础指标，是否树立了正确的劳动观是评价劳动观念教育的基础指标。劳动教育对于不同水平的高校，其内容也不尽相同，需根据高校自身情况对劳动教育评价指标做出相应调整。总而言之，高校要依照大学生个体发展的多样性，因人而异、因校而异地制定劳动教育评价指标。

三、以质性评价为主，量化评价为辅的评价方法

对高校劳动教育的评价方法分为质性评价和量化评价。量化评价多采用数量或测验的模式去整合大学生在接受劳动教育前后的具体表现，并在具体的数据上进行量化分析，从量的角度对高校劳动教育育人的效果作出评价，在传统教学中使用较多。此方式多注重大学生接受劳动教育前后的反差，但实际操作过程中近乎单方面地对大学生学习结果进行评价。质性评价则没有普适的规律性可循，它着重在评价过程中对劳动教育的实质，通过对高校劳动教育课程等进行广泛而细致的剖析，进而从劳动教育的对象来阐述该课程的具体价值，使接受者获得真实的收益，课程规划更具有效性。在量化评价与质性评价的相互作用下可以预测未来劳动教育评价体系的发展前沿，充分把握未来劳动教育的基本特征，在评价方法上要主打质性评价，辅以量化评价。量化评价由于通过科学思维、数学方法与标准化程序来达到认知可量化的结果，因此，在高校劳动教育中施以量化评价，使用标准化测验等方法进行评价，可以

控制劳动教育的评价，达到易于操作的标准化模式，以大量客观的标准、呈现的数据来评价劳动教育的结果，因为数据是客观的，在很大程度上可以提高对劳动教育评价的客观性与真实性。但劳动教育量化评价也有着一定的缺陷，因为劳动教育现象与教育过程是一个复杂的、长时间的过程，使用这种机械的评价方法处理灵活的、动态的数据，会忽略掉教育本质所尊崇的多样性与差异性。

量化评价可以揭示大学生接受劳动教育所呈现出的行为结果，但却忽视了大学生是一个能动的主体，他们在接受劳动教育的过程中对劳动认知、劳动情感、劳动观念等接受程度都无法进行量化评价。量化评价基本上忽视了大学生在高校劳动教育过程中所刻意隐藏的真实状态，无法得到及时反馈与纠正。所以高校在劳动教育评价的方法构建上要以质性评价来弥补对量化评价的不足，对劳动教育有完整的评价过程。质性评价强调通过观察、调查大学生接受劳动教育后的各种反应，深入挖掘其本质。质性评价的重点关注对象是大学生在劳动教育过程中所展现的真实自我。它以实际的劳动教学情况或课程反映的现象进行分析，用定性且全面的方法，透过现象本身，剖析其折射出的本质。所以，对劳动教育的质性评价是一个动态反馈与适当调整的过程，没有一成不变的规范标准，会随着实践的不断深入、反馈结果的不断隐性，决定着下一步评价的着眼点与方向。因此在高校劳动教育评价方法的构建中要坚持以质性评价为主、量化评价为辅，在客观的评价方法的指导下，得出正确的结论，做出正确的评价，以便进一步完善高校劳动教育育人模式。

四、以标记劳动过程，劳动建档考核为评价过程

高校劳动教育评价是一个长期过程，需要高校准确、客观地记录大学生的劳动过程，记录每个个体参与的劳动事实，收集并整理相关资料，进行分类整理，给每一位大学生适配劳动档案袋，用于记录劳动教育的过程，确保劳动教育得到反馈，减少随时间推移而造成实效衰减的问题。在劳动评价的过程中，可采取大学生劳动档案袋考核、劳动表现

评定等方式。劳动档案袋考核是根据高校劳动教育的既定目标，收集、分析大学生的劳动表现及其他细节，以此为凭据评判大学生在接受劳动教育的过程中存在的优势与不足，并对症下药更好地激励大学生参与劳动的评价方式。具体而言，高校劳动教育是长期的、动态发展的，因此评价高校劳动教育也要采取动静结合的档案袋考核方式。

大学生档案袋考核模式有如下三种：一是以高校劳动教育考核要求为标准，全校师生共同商议部分内容，制定符合学校实际的评价标准。档案袋考核标准要以大学生具体的劳动体验为主，把培养大学生的劳动素养作为主要着力点。全校师生应根据本校劳动教育的特色和自身专业的情况有针对性地制定劳动考核表。二是高校教师应花更多的时间关注大学生的劳动过程，多角度收集大学生在参加劳动时的表现，把握他们劳动中的细节并记录相应的行为表现，将大数据与劳动记录结合起来，搭建专有的平台。三是新增大学生劳动反馈环节，作为学生成长过程的证明。档案袋考核是动态发展的过程，而反思是实施劳动教育评价的关键。高校劳动教育的评价过程的时间跨度非常大，落实到每位大学生身上的实施条件相当苛刻。高校全体教职工要主动配合，积极创造各种条件，在高校落实档案袋考核时，积极引导大学生反馈过程性劳动行为。在高校劳动教育的评价过程中，适当结合表现性评定的方法对大学生实际劳动能力进行评定，便于还原大学生在劳动时的真实面貌和现实状况。而且，在整个劳动教育过程中要始终贯穿表现性评定，以便于及时发现并反馈大学生在具体的劳动教育中存在的问题。

第六章　高校劳动教育育人模式的前景展望

中国特色社会主义最本质的特色就是中国共产党的领导。中国共产党在对劳动教育百余年的探索中风雨兼程、垦荒拓新，始终保持着高等教育的开放性，彰显中国特色。高校劳动教育育人模式随着时代的发展，继续全面贯彻党的教育方针，紧扣教育培养什么人、为谁培养人的根本问题。高校劳动教育育人模式要在全面建设社会主义现代化国家的进程中，时刻把握创新这一永恒主题，杜绝原地踏步甚至出现倒退的现象，创新高校劳动教育的全过程参与，探索并创新高校劳动教育与其他多元内容的融合，同时衍生新的劳动教育手段。此外，还要时刻注意在劳动教育过程中存在的重形式而轻教育的形式化、重脑力而轻体力的片面化、重个人而轻集体的空心化、重苦干而轻特色的工具化、重高调而轻统筹的碎片化的五化问题。在中国共产党的领导下高校劳动教育会有更加坚实的保障机制，迎来更高层次的发展。

第一节　创新是高校劳动教育的永恒主题

创新是新时代高校劳动教育的永恒主题，高校劳动教育也会随着时代的发展不断创新内涵与实践路径。未来高校劳动教育要把握大学生的新特点：受到网络等快节奏环境的影响，大学生的劳动意识发生很大变化，部分大学生不仅仅是参与传统体力劳动的机会减少了，不珍惜劳动成果的现象普遍了，懒得劳动，甘愿躺平、摆烂的状态也更为突出了。随着传统与现代的更迭，高校劳动教育也需要与时俱进，不断地革故鼎新，旨在通过高校劳动教育在主客体之间全过程参与运作模式的创新，融合多层次、多视角的内容，改革不合时宜的教育模式，降低授课过程的枯燥性、增强感染力，才能更好地适应新时代大学生的特点，使劳动教育取得事半功倍的成效。

一、劳动教育的全过程参与创新

高校在劳动教育育人过程中要坚持全员全过程全方位的劳动育人模式，形成深层次、全周期、多维度的劳动育人长效机制。

（一）坚持全员劳动育人

充分发挥高校教学及教辅人员、思政工作人员、行政管理人员的主体作用，并在组织协调、教育教学、考核评价等层面，为高校劳动教育主体提供激励保障。加强组织保障，统筹劳动育人资源，构建由党委统一领导，教学人员为主、家庭人员为辅、思政人员引领、行政人员保障、社会企业支持的"五位一体"多主体参与的劳动育人保障机制。

在劳动教育大背景下，高校要秉承"三全育人"的工作理念，协同资源、转换站位，依托一站式学生社区，以全员参与搭建全过程教育网络，将教室、宿舍、餐厅、操场等学生日常学习生活场所转型为学生思想政治教育、养成教育、校园精神文明建设的主战场，营造并联式的高校劳动教育平台，引导大学生尊重劳动、敬仰劳动，让劳动成为每位同学的精神原色。

第一，开展生活技能培育行动。在学生社区进行新生宿舍养成教育、青春小课堂劳动实践、我的家园我维护劳动主题教育实践，开展高校靓丽寝室、青春食堂、春季卫生劳动季等活动，在集体劳动中锻炼大学生个人动手技能。高校领导带头开展劳动技能教育，如校园美食节书记掌勺、校长传菜，师生齐动手，用劳动创造美食，用劳动传承文化，开展社会实践体验行动。设置活动室综合管理岗、垃圾分类引导员、园区车辆停放引导员、校园绿化员、助教助管助研等岗位，引导学生走进劳动一线，在实践耕耘中陶冶劳动精神。开展帮扶类、社区类、会议类、论坛类、赛事类志愿服务活动，制定劳动教育日历，丰富云超市劳动实践课程内容。

第二，开展劳动文化建设活动。充分运用校报（学报）、学校学院官网、微博微信微视频等"一报两网三微平台"，开展劳模进校园、工匠面对面等活动，邀请全国劳模、时代楷模、大国工匠等来社区与学生面对面，通过劳模事迹感召学生不畏艰难、百折不挠、敢于担当，激发学生在劳动中增阅历、长才干。推出身边的劳动者专题宣传，通过近景呈现教师、后勤、安全保卫人员工作场景和工作事迹，让大学生近距离接触身边的劳动模范。

（二）坚持全过程劳动育人

将劳动教育有机融入高等教育招生、培养和就业各阶段，实现劳动教育的全周期管理。深化劳动育人是一项久久为功、驰而不息的工程，需要科学有效的顶层设计予以保障。各高校要从大学生参加劳动教育的需求着手，分阶段规划好劳动教育的整体安排，实现劳动教育的精细化、过程化管理。各高校在劳动教育实践中，可根据大学不同阶段的培养需求，探索建立全过程的劳动育人保障机制：大一学年开展集体劳动实践，将劳动教育与专业课程或社会实践相结合；大二学年开展个人服务性劳动实践，包括假期返乡参与农活、工活、家务活等各类劳动实践；大三学年开展专业生产劳动实践，包括学生根据专业特色进行课程实习、创新创业、科研创新等；大四学年以劳动为主开展社会实践，引导应届毕业生在社会环境下积累职场经验，端正择业观。

（三）坚持全方位劳动育人

聚焦校内、校外各种不同类型的劳动资源，形成集创新创业、实习实践、志愿服务、手工劳作、科研创新为一体的全方位劳动实践育人体系，为高校劳动教育提供多维度的平台保障。依托高校双创平台，以项目建设、技能竞赛、企业孵化等为抓手，在创新创业中推动劳动育人。

以志愿服务为契机，完善高校志愿服务奖励制度，提高大学生志愿服务的参与度。针对学术创新能力突出的大学生，侧重开展科研创新的劳动实践教育，鼓励学生提前进科研、进项目、进团队，保障科研创新平台的育人效果。完善大学生职业生涯规划课程，设立求职班、技能班等实践平台，推动"产学研"合作在劳动育人方面的创新。丰富生活劳动实践，搭建"生活＋"劳动平台，实施学生宿舍力行工程，开展爱国卫生专项行动，引导大学生做中学、学中做，进一步激发学生参与劳动的主动性、积极性和创造性。推进专业劳动实践，搭建"专业＋"劳动平台，以新工科建设为抓手，将劳动教育与创新创业教育融合。开展行业劳动实践，搭建"行业＋"劳动平台，联合当地重点企业开展"寻梦立志名企行"等教育活动，积极引导大学生树立正确的劳动观念，培养奋斗精神。组织公益劳动实践，搭建"公益＋"劳动平台，引导大学生树立正确的劳动观，增强社会责任感。发挥榜样引领作用，邀请劳动模范走进校园，选树身边先进典型，设立大学生劳动教育先进个人荣誉称号，以榜样示范引导大学生争做新时代奋斗者。"校家社"协同育人符合人的全面发展要求和教育教学规律。高校应推动"校家社"劳动实践育人基地的建设，挖掘校内外实践育人资源，丰富育人载体，构建以高校教育为主导、家庭教育为基础、社会教育为延伸的协同育人模式。

联动教务处、学工处、校团委、后勤基建等部门，充分挖掘校内实践育人资源。在高校开辟劳动实践体验区域，发挥校园文化景观及自然景观的隐性育人功能，让校园的草坪花带、绿植景观成为学生劳动体验和志愿服务的育人场地。设置劳动教育体验周、划定班级负责区域，激发学生校园主人翁精神，使其主动持续地参与到校园的环境建设中来。

拓宽劳动教育场域，积极推进与行业企业、科研机构、基层社区的共建合作。紧跟时代发展，结合新业态新产业新模式，建立高新企业、农林场所、文化场馆等校外劳动教育实践基地，组织学生开展研学活动，体验现代科技发展。充分发挥家庭的基础教育功能，引导大学生在寒暑假期间帮助父母分担家务、下农田参与耕种劳作、到社区开展志愿服务活动，在广阔的社会大舞台体验锻炼、思考感悟、收获成长。结合专业培养特点与劳动新业态的发展，把劳动教育的体验实践与专业教育、技能培训相结合，拓展与深化专业实习基地的育人功能，让大学生在实践中学习劳动、巩固技能。

二、劳动教育内容的多元融合模式探索

要积极将劳动教育融入多元一体的教育模式之中，在高校劳动教育内容的创新探索中与时俱进地更迭相应内容，融入新发展阶段的特色内容，融合高校思想政治教育、校园文化、社会实践与志愿服务，实现教育内容的融合创新。

（一）高校劳动教育与思想政治教育的融合创新

思想政治教育理论课是培养高校大学生思想道德的主渠道，在育人的过程中起着非常重要的作用。高校劳动教育在与思想政治教育有机结合的基础上融合创新，能在劳动教育中进一步展现思想政治教育的魅力，实现劳动教育与思想政治教育的优势互补，促进二者相互交融。劳动教育是思想政治教育不可缺少的部分，探索高校劳动教育与思想政治教育的融合创新是新时代高校劳动教育不可或缺的一步。

第一，充实思想政治教育的内容，将劳动教育贯穿其中。思想政治教育工作是高校育人的重要环节，在高校营造重视劳动教育育人的大环境下，面对更具个性的大学生群体，思想政治教育的途径应该更加多元化。思想政治课教师要利用劳动教育促成思想政治课教育的改革，通过多种渠道、多种方式开展劳动教育。

充分利用高校入学教育的启蒙阶段，加入实际的劳动教育内容，穿插对大学生的体验分享进行劳动教育和思想政治教育的双重教育。高校的入学教育是大学生刚进入大学，熟悉大学的重要途径，高校要重视并安排恰到好处的入学教育，使大学生萌发劳动思想，让他们知晓劳动对

于每一个个体的重要性。同时也要充分利用高校步入社会的坚实阶梯，在大学生毕业典礼上深化思想政治教育，让毕业生能够具备一定的劳动观和劳动素养，并在未来的职业生涯中接续完善。还可以在大学生社团活动中加入劳动教育的元素，如高校牵头设立以劳动为主题的社团活动日，相关社团组织安排关于劳动、劳动者、劳动权益保障等主题研讨活动，并提供场地及后勤配套。养成大学生热爱劳动、尊重劳动、维护劳动的大义情怀。在思想政治教育中掺入马克思主义劳动观，围绕人类创造物质与精神财富的基础是劳动，紧跟社会潮流，加入最新元素，使大学生树立积极的劳动观念。发挥思想政治理论课主阵地作用，在马克思主义基本原理概论课程中，回到马克思主义的经典文本，正本清源，重点阐述马克思、恩格斯对于劳动价值的分析。在毛泽东思想和中国特色社会主义理论体系概论课程中阐释当前中国新发展阶段的正确劳动思想。回归劳动经典解读，使学生正确认识马克思主义的思想，在思想政治教育理论课中，鼓励大学生以小组形式合作学习，让学生更加主动、更加系统地领略关于劳动的理论深度，进而感悟劳动教育的魅力。强化大学生对习近平新时代中国特色社会主义思想概论课程的学习与理解，体会新时代以来中国特色的劳动观、劳动精神与劳动情怀，认真学习习近平总书记关于劳动、劳模精神、工匠精神的一系列系统论述，在理论的脉络中不断爬梳劳动教育的传承史，加深理解。

第二，打破传统劳动教育形式的桎梏，拓宽劳动教育的途径。高校劳动教育要时刻找准教师是授课主体，大学生是教育受体的定位。要让大学生学习劳动知识，自主地接纳并予以实践。高校需要避免劳动教育内容单一、流于形式，更要求高校创新劳动教育的模式，积极地探索新的元素，丰富劳动教育。比如不定期地组织学生聆听劳动讲座，使大学生能够实时更新对劳动的认知，激发自我劳动的积极性，学习符合自身所学专业的劳动技能与知识，完成专业的劳动实践，最终以知行合一为目标。校（院）级层面成立劳动宣讲队，宣讲党关于劳动教育的先进理念、劳模们的先进事迹等，宣讲队要以熟知劳动教育知识这一基础选拔各专业人才，并定期对劳模精神、体验式劳动进行宣讲，可让大学生现实体会、参与，进而实现自我教育。

第三，借助新时代互联网技术，搭建劳动教育平台。探索第一课堂与第二课堂（校内活动）、第三课堂（高校以外的社会实践）、第四课堂（新媒体）相结合的劳动教育有效机制。鼓励高校教师利用大学生熟知的网络平台，借助新媒体交流方式，围绕正确的劳动观、先进的劳模事迹、伟大的劳动精神等热点、难点和重点，与学生在课下探讨、研讨和实践，为大学生搭建高校劳动教育教学、研究与实践三位一体的平台，形成教学、研究与实践的良性互通，实现学生对劳动理论的认知从课堂教学与课下吸收的有效转化。

利用互联网、云端共享、科技赋能等技术，及时推出高校思想政治教育与劳动教育相结合的专用学习网，实现线上线下的多渠道混合教学。建立专属于高校劳动教育的微信公众号，按时报道党对教育的顶层设计，向大学生推送弘扬劳动精神的好文、好书，宣传高校劳动教育相关理论课程或讲座的信息。不定时地推送大学生劳动教育学习感悟等，打破时空的桎梏，实现各地高校师生线上交流互通、线下留言互动，使大学生能够在课堂外也能学习劳动精神。

第四，劳动模范和大国工匠进校园，发挥榜样的作用。高校通过"校园赞劳模""校园邀工匠"等形式，在校园内介绍近些年来全国各地劳动模范和大国工匠，宣讲其动人的事迹，以此传播劳模精神、工匠精神；让大学生能够真正了解工匠情怀、劳模之志，真正在高校校园内让大学生可知、易感劳模精神、工匠精神，从而将能劳动变为要劳动，引导大学生崇尚劳动，以此让劳动精神在大学生成长的过程中生根发芽。

邀请全国劳模、大国工匠走进思想政治理论课堂，与思想政治理论课教师共同授课。或开设大国工匠面对面选修课，创新授课方式，例如，清华大学邀请了全国劳动模范、全国五一劳动奖章、首届大国工匠荣誉称号获得者李万君，全国劳动模范、首都劳动奖章、全国女职工建功立业标兵获得者刘宏，全国劳动模范、全国技术能手、首都劳动技能勋章、北京市能工巧匠获得者王文华，分别以为祖国富强的无私奉献精神、做又红又专国家人才和工匠精神与核心技术为主题作分享交流。充分发挥模范作用，激励大学生做到心里有梦、眼里有事、手里有活，提高站位、开阔眼界，增强责任感和使命感。在学习中，大学生要建立科学的学术体系，掌握所学知识的本质和规律；加强对劳动者身份的认同，尊重不同职业的劳动者。

（二）高校劳动教育与高校校园文化的融合创新

校园文化像和煦春风一样，飘散在校园的各个角落，渗透在教师、学生、职工的观念和言行中，渗透在他们日常的言谈举止之中。高校劳动教育要融入校园文化，充分发挥文化潜移默化的特性，将正确的劳动观、劳动精神与全校师生的日常生活相串联，也是一种有效的创新途径。

第一，让校园精神载体引领劳动教育。校史、校训、校歌等是每一所高校的象征，是每所高校主要的精神载体。高校在其长期的办学历史中，都经历了一代又一代开拓者、建设者、改革者的不懈努力。在高校劳动教育过程中需要挖掘校史中富有教育意义的典型人物和事迹，并结合现代技术，以音频、视频等多种表现形式追溯过去，让全校师生感受到过去与现在的变化是由劳动带来的。例如，西南科技大学的发展史就是一部从无到有的劳动史。1965 年春天，在绵阳青义镇，工人们热火朝天地建设一个代号为 651 的工程，也就是清华大学的绵阳分校。在全国三线建设的大背景下，清华大学无线电系整体搬迁至绵阳，高校选址在一个偏僻地方，条件异常艰苦。清华分校当时总共占地不过千余亩，占地虽不大，但是作为一所高校所必需的教学楼、宿舍等却只存在于纸上，师生们自主设计、搬石头、砌砖才有了现在的西南科技大学老区。尽管条件十分艰苦，但是很多科研成果在此诞生，更有那无畏艰辛的劳动精神熠熠生辉。

几个字的校训虽然简短，但却凝练了高校长期的教学理念与精神，积淀着高校发展历史的情怀，在高校劳动教育过程中具有灵魂和航标的作用。艰苦奋斗等校训内容是众多高校体现的劳动教育追求。音乐，是人生最大的快乐；音乐，是生活中的一股清泉；音乐，是陶冶性情的熔炉。要充分挖掘在校歌中的劳动教育元素，使大学生在传颂校歌的同时接受劳动教育。

第二，让高校教职员工发挥示范作用。高校是人才培养的摇篮，而教师是人才的培养者。高校教师不仅要传道、授业、解惑，还要坚持言传身教是最好的教育，做到行为示范，引导大学生树立正确的价值观。高校要注重师风的培养，在建设和考核的标准中融入劳模精神和工匠精神，建立更科学完善的师风考核标准，打造热爱劳动，衷于科学，具有劳动精神、工匠精神的科研团队。高校要重视宣传引导，提高选拔模范教师的标准，收集高校教职工崇尚劳动并以身作则的优秀事迹，予以充分肯定的同时加大宣传力度，以他们的人格魅力和身体力行在大学生面前树立榜样。例如，西南科技大学积极宣传高校教职员工的先进事迹，如教师、校医、安保人员、司机师傅、维修师傅、园艺师傅以及物业、宿管、食堂等校内教职工辛勤劳动的事迹，对大学生进行劳动教育。

第三，让高校学生模范成为劳动教育的主力表率。其实，在校园内有许多艰苦奋斗、刻苦学习的学生，榜样就在他们中间。高校可以成立一个由校学生会所管的采集部门，不定期地开展遴选榜样的活动，找寻大学生中热爱劳动、刻苦劳动的先进人物，编写并宣传他们劳动的真人真事，引导大学生积极地效仿、学习先进人物的优良品德，积极参加劳动。

北京师范大学珠海校区 2019 级英语思政班的汪某，在 2020—2021 学年中，担任青年劳育中心副主任一职。汪某是青年劳育中心最早的成员之一，主要负责宣传工作，包括劳动志愿者的招募以及推文的制作设计等。汪某组织策划了各类劳育活动，也不断丰富自己对于劳动教育的认识，在劳动中成长，她深刻地感受到劳动创造了美。她认为这样的活动在实践中铸就坚韧品格、拥抱大自然，每一次的劳动都是一次成长，切身体会、切身感受，不断发掘生命的意义，生活也会因此丰富。汪某在一次次的劳动中，积极积累经验，个人技能方面也得到了显著提升，学会了如推送选图、排版设计、海报设计等一些宣传技能和种植蔬菜等劳动技能。汪某也学会了团队合作，合理规划学习与学生工作的时间。

除参加劳动教育活动外，汪某也曾在社区参加过接种疫苗的志愿者工作、义教活动，等等。

劳动教育活动不仅能强身健体，还能够拓宽视野，补充许多课堂之外的知识。在劳动过程中，深化了大学生对劳动的认知，更加尊重劳动者在日常生活中所做出的贡献。对于压力大的大学生来说，劳动还能够改善他们的精神状态，提升个人沟通能力与奉献意识，这些都是劳动带来的深远影响。高校内的"劳动代表"是高校劳动教育的榜样，他们可以在大学生的日常学习生活中发挥重要作用。

（三）高校劳动教育与社会实践服务的融合创新

中国的教育方针一贯坚持理论与实际相结合，2016 年 12 月 7 日，习近平总书记在全国高校思想政治工作会议上指出，"重视实践育人，坚持教育同生产劳动和社会实践相结合"[①]。在高校教育的实践中尚且存在理论与实践脱钩的状态，为此需要进一步探索和推进高校劳动教育与社会实践服务的融合创新路径。

第一，健全劳动实践组织。为了防止高校劳动教育边缘化发展，高校需组建劳动教育专职教师队伍，强化专业队伍建设，聘邀劳动模范等兼职顾问进驻高校，完善教师队伍选聘、培养与考核制度，促进高校劳动教育专职教师能力水平稳步发展。在各学院下增设班级劳委，紧密结合大学生日常生活与劳动教育，定期组织劳动教育反馈班会，分享经验心得。高校学生会和团委以及各学院分团委要联合组建劳动团支部与社团，组织"品牌劳动"等系列社会实践活动。充分借鉴国内外高校劳动教育先进做法，"发挥劳动教育真实场景的作用、支持其情境建构和知识迁移的'专业功能'"[②]。深入挖掘校园内仍待开发的劳动教育资源，设置高校劳动教育一体化专用教室，积极开展社会实践活动。高校要与

---

① 中共中央文献研究室. 习近平关于青少年和共青团工作论述摘编［G］. 北京：中央文献出版社，2017：77.

② 刘丽红，战帅. 以社会实践和志愿服务为载体推进新时代高校劳动教育落地生花［J］. 北京教育（德育），2019，853（4）：87.

周边村社、街道进行充分沟通，同时对接校外企事业单位、工厂等，利用社会公共资源，建立联合志愿实践基地，通过组织体系的保障有效开展劳动教育实践和志愿者活动。

第二，改革劳动实践模式。针对劳动教育弱化的问题，推行第二课堂成绩单，在第二课堂中管理劳动教育，有机结合第一、第二课堂，协同推进高校劳动教育的改革。及时分析劳动要素，准确记录大学生劳动轨迹，客观评价已有的劳动实践，从而能够真实地反馈大学生劳动素质能力，促进正确劳动观的养成，为高校培养人才提供丰富育人的手段和多元活动平台。围绕劳动教育的重点，在第二课堂中设置包含多种知识架构的多元课程，丰富教育内容，充分发挥第二课堂的作用，拓展高校劳动教育的格局，契合供需，创新管理模式。在劳动教育课程学分的制定方面，可以设置计次学分，即参加校园实践活动，按次计分，设置学分合格标准，学期内达到合格标准才能给予学分。亦可设置自我申报学分，供大学生自主申报所参加的社会劳动活动。还可以设置学时学分，按劳动实践的具体学时来进行学分的评定，按累计的总学时给予考量。利用网络大数据技术进行劳动教育结果的量化创新，便捷大学生完成选课、实践、评价与结课的闭环流程。利用大数据分析大学生劳动教育的课程成绩，分析数据与反馈结果，从而能够完善劳动教育第二课堂的运行机制。

第三，编写社会实践和志愿服务指导手册。针对劳动教育窄化的问题，高校要依时而变，编写符合自身实际情况的大学生社会实践与志愿服务指导手册，并批量印发至每一位学生，提升高校在大学生社会实践和志愿服务的第三方指导作用。充分发挥教材中劳动教育的功效，以教材为依据，运用在具体的劳动实践中。此外，高校需加大社会实践和志愿服务需求的调研力度，鼓励和支持相关研究，适量加大研究经费的投入，进一步联动理论与实际，普及研究成果。在社会中积极寻找可进行劳动教育的着手点，在社会中积极融入劳动教育的元素，使之形成与社会实践和志愿服务相结合的合力，春风化雨、潜移默化地影响学生。

第四，开设社会实践和劳动教育课程。针对劳动教育异化的问题，高校要依托社会劳模的资源，创造性地联动在校大学生与劳模这两类群体，打造进阶版劳动教育课程。其一，将多要素融入劳动教育，创新课程内容。聘请劳模任兼职教师，在灌输式授课过程中充分加入实践元素，完善实践课程设计。紧密结合第一课堂，充分挖掘劳动资源，串联多元授课媒介，构建高校社区、高校家庭双联合的施课平台，达到时间空间串联式教学，实现"1＋1＋1＞3"的教学效果。其二，引进多教学要素与教学理念融入课堂，丰富授课形式，引导大学生自创劳动设计方案并付诸实践，教师与学生共同检验考核成果，增强劳动教育授课中的师生互动性、学生参与性与主动性。其三，劳动教育课程的安排可按周期性制定，要整不要零，求质不求量，统整课程安排，在安排课程时长的时候要保持长久性，完整且系统地推进课程周期性建设，打破时空的桎梏，达到完整的劳动教育育人实效。其四，量度课程评价，多维度评价课程实施的效果，要求大学生真实学习、真心劳动。其五，在整个教育过程中利用表现性评价和成果性评价等模式，设计实操性强的劳动教育与社会实践、志愿服务的评价模式。

三、高校劳动教育手段的衍生模式建构

除了传统课堂的授课模式，高校还要积极开辟劳动教育新的途径，结合新时代自媒体的快速发展，突破劳动教育时间空间的限制，使自媒体成为高校劳动教育的新课堂。高校还要积极推进产教融合，使劳动教育真正地做到躬行践履，而非纸上谈兵。

（一）自媒体新模式依托下的劳动教育

大学生正处在快速发展的智能时代，要营造高校劳动教育的良性网络空间，必须要整合网络资源，建立数字化平台，搭建系统的网络教育集群，确保高校劳动教育的覆盖面广、高校师生普遍的参与度高，进而获得应有的成效。

第一，搭建数字化平台。高校数字化劳动教育可以衍生为四个平

台。其一，建设劳模论坛、工匠报告等栏目的典型劳动事迹平台，挑选全国劳模先进事迹、高校劳动创业的成果展览等音频、视频、图片资料，通过宣传典型实例来引导大学生，起到榜样的作用。其二，筛选出多方面关于劳动过程的培训资料，可掺入诙谐幽默而不乏技能教育的视频搭建劳动技能学习平台，培养大学生的学习兴趣，激发大学生自我学习与提高的动力，以便大学生能根据自我的兴趣学习相应的技能，进而达到无师自通的境界。其三，在大数据中挑选名家讲解的大学生劳动前后心理变化情况，以及不同强度的劳动教育下大学生心理变化情况等构建心理调适平台，让大学生根据自身情况选择调节模式，点击即可进入劳动心理辅疗过程，能够及时地发泄劳动过程所产生的不良情绪，调适心理。其四，高校搭建与学生 IP 共享的全国高校劳动教育互通平台，同步上传最新的劳动教育课程，分享劳动教育课程设计等内容，对接主流媒体，将国家官网的劳动教育相关内容及时传递至平台，保证消息的真实性与实效性。同时亦可设置师生实时交流互动专栏，方便大学生及时提出劳动教育过程中遇到的问题，以便教师或相关管理人员及时作出相应的判断并予以处理，进而确保大学生的劳动困惑能够得到排解、合理需求能够及时得到满足。

第二，营造和谐网络环境。和谐的劳动教育网络环境会正向推动大学生劳动观念的形成，推动他们正确的劳动情怀和价值观的养成，反之就会起到消极的作用，更有甚者会使个别大学生滋长好逸恶劳、躺平等负面情绪，从而与社会主义劳动者的正确轨道相背离。所以，高校必须加强劳动文化网络空间的建设，营造积极向上、和谐融洽的劳动教育网络环境，在网络中为大学生劳动教育划定正确的航线。一要营造文明的网络环境，依法严厉打击网络诈骗、传销等犯罪行为，同时还要加强对大学生的网络安全教育培训，提高他们网络安全意识和防御能力，创造一个风清气正的环境。二要营造向上向善的网络环境。高校应充分利用微电影、短视频、微博等自媒体，做好正面宣传，培育向上向善的网络文化。要积极宣传劳动至上的伟大劳动观念，倡导敬业、奉献的正向劳动观念，弘扬劳动创造价值的良性劳动观念。三要营造和谐融洽的网络环境。让和谐、团结、友善、包容的网络空间文化成为主流，绝不允许网络空间变成自由散漫、造谣诽谤、无事生非、不劳而获的法外之地。

第三，打造专业网络管理团队。随着信息化的加速发展，特别是自媒体的发展给高校劳动教育工作者带来了前所未有的机遇与挑战，并对他们提出了新的要求。高校劳动教育要在网络空间得到良性发展，就必须有一支道德良好、技术娴熟和数量与质量合一的管理团队。高校要打造一支能教学、有技术、知心理的专职教学团队，深谙网络劳动教育的育人价值、熟悉网络劳动教育的理念、熟练运用网络劳动教育方法，把控大学生多样化的网络行为，深入分析心理，以身体力行的教学感染学生。高校要打造一支强管理、善沟通、乐服务的专职管理队伍，网络管理需要制定一套高效的管理制度，并且严格按照既定制度，开展日常网络管理工作，能够及时有效地为大学生答疑解惑。高校要打造一支高道德、重品性、强能力的舆论引导队伍。这支队伍不分是否兼职或专职，可以是教师或者非教师的管理人员，抑或从优秀大学生中选拔，但必须有正确的劳动观这一共同点，愿意成为大学生在网络空间中的一盏明灯，用自己的言论传递劳动价值的正能量，有效化解大学生关注的热点、焦点中的困惑，引导大学生做出正确的价值判断。以上三支队伍需要团结协作才可互有成就，共同服务于高校网络空间的劳动教育，为大学生塑造社会主义劳动观、涵养劳动情感、提升劳动技能提供技术支持和服务。

第四，联通高校网络空间。高校劳动教育网络空间不是脱离生活的虚拟世界，而是现实劳动教育在网络虚拟空间的有益补充，离不开现实生活中高校劳动教育工作常态化的教育培养，网络与现实之间有着必然的内在联系。现实劳动教育是网络空间劳动教育的前提，网络空间中的劳动教育所呈现的问题是现实生活中问题的投影，只不过是换了一个空间的形式而已。因此，网络空间的劳动教育不可能脱离现实的劳动教育而存在，这二者本就同属于劳动教育，在一定形式上休戚与共、相互影响。只有网络空间和现实劳动教育进行有效的联动，才能真正实现高校劳动教育育人现实与虚拟的有机结合。高校网络劳动教育是一项系统性的工程，自然需要多方协同配合。其一，必须要做好高校现实劳动教育的具体工作。现实的劳动教育直观、贴切生活，在锻炼劳动实践能力中发挥着重要作用。要善于在现实生活中做好大学生劳动观、情怀、技能教育，还需要对大学生劳动心理进行密切关注，以杜绝极端事件的发生。其二，网络空间劳动教育也有其独到的价值，它有效地将教育时空进行分离、兼顾丰富视听教育等手段，可以充分调动大学生自我实现劳动教育的主动性和积极性，也更容易广为大学生所接受。它无须面对面交流、刨除实名制尴尬的特点还可以有效避免大学生产生劳动心理障碍且又不肯走进现实心理咨询室的问题，从而使他们能够对心理诉求和劳动情感体验畅所欲言，与现实教育过程的效果实现互补。

第五，健全网络保障机制。高校必须结合自身办学特点，构建并完善保障机制以落实高校网络空间的劳动教育，保障网络劳动教育的有序运行。其一，制定切实可行的网络空间管理体制来规范高校网络劳动教育行为。高校要新增网络空间劳动教育的主管部门，成立专业的网络空间劳动教育管理团队，做到互有成就、共同服务和效率互通。其二，用健全完备的管理制度优化高校网络劳动教育过程。这包括高校网络空间劳动教育的管理制度、奖惩制度等一系列制度。其三，用行得通的绩效评估体系评价高校网络劳动教育质量，依据有理有据的评估标准、科学的评估程序和合理的评估手段对其进行检验，不断在实践中发现问题，进行优化，做到以评促改，进而成优。其四，融入全员参与的协调机制支持高校网络劳动教育发展。网络空间是全社会的共同精神家园，网络空间的劳动教育也需要社会各界的支持与协调，各级党政机关要加强对网络空间的管理与监督，积极弘扬正能量、传播真善美、宣传社会主义劳动观，保证网络空间劳动教育的社会主义方向。

（二）产教融合下的劳动教育推进

产教融合是高等教育内涵发展和产业升级、技术进步的有力支撑，对高校劳动教育育人发挥着重要推进作用。产业是以行业为载体，是企业组群的产物，在产教融合的过程中起着重要作用。产教融合是一个多主体多维度的概念，涉及多方面组织。2017 年 10 月 18 日，习近平总书记在党的十九大报告中强调："深化产教融合、校企合作。加快一流大学和一流学科建设，实现高等教育内涵式发展。"[①] 产教融合要加强公共实训基地建设，支持企业、高校、社会培训机构共同建设独立运作的公共实训基地，为当地大学生提供基于真实生产项目和生产岗位的培训实践场所。

国家教育部门可考虑增设劳动教育管理机构，或新增劳动教育管理职责部门，邀请社会及高校劳动教育专家成立专家委员会，负责行业与高校之间的对接与指导。就劳动教育与产业行业对话协同而言，可采取的形式是以教育管理主要部门或高校为责任主体，不定期地开设劳动教育与产教融合交流平台或高峰论坛等，涉及多方面的劳动教育相关内容等。另外，还要建立各类行业协会与劳动教育实施主体的经常性对话协商机制。

企业要发挥在高校劳动教育与产教融合相结合中的重要主体作用，企业工厂场所的教育是产教融合最本质的特征，不重视企业人力资源的开发，产教融合、校企合作不可能得到有效实施。只有树立企业是重要教育资源的理念，重视培育企业教育资源的开发能力，发挥其工作场所教育的作用，产教融合才能有效实施。因此在加强高校劳动教育与产教融合的过程中，要重视企业的主体作用，让企业能觉得有利可图，更加积极地投入到产教融合的进程中，一改过往注重形式的表面功夫，真正实现高质量的融合。例如，通过制定产教融合型企业评定标准和奖励办法，将人才培养、产教研合作取得显著成效的企业认定为产教融合型企业，各级经济和信息化部门在技术改造补助、企业技术中心认定等方面予以优先支持，科技、发展改革部门在企业创新平台建设上予以优先支持。通过引企入教，支持引导企业深度参与高校教育教学改革，多种方式参与高校专业规划、教材开发、课程设置、实习实训等，在人才培养的环节中融入企业的现实需求。

---

① 习近平. 习近平谈治国理政：第 3 卷 [M]. 北京：外文出版社，2020：36.

通过高校劳动教育打造产教融合利益共同体。产教融合是一个由粗浅到成熟、由松散到紧密的过程。产教融合的浅层次合作是由高校主导、靠感情联络为主的形式合作；中层次合作是院校为企业提供咨询、培训等服务，建立横向联合体，形成多元投资主体的合作；深层次合作是高校与企业互相渗透，形成利益共享关系的合作，校企利益共同体是产教融合深层次合作的表现形式。因此通过高校劳动教育打造产教融合利益共同体是推动劳动教育与产教融合相结合的关键。在校企合作中，高校的目标是培养符合企业需要的人才，高校各专业与行业、企业建立直接联系，了解和掌握行业发展趋势和需要，改革专业教学，加强劳动教育，为企业培养需要的人才。而企业是以获取更大经济利益作为价值追求，在产教融合中，企业可以便捷、高效地选择高校培养的人才加入企业，对职工进行继续教育，通过对教育的支持，起到宣传效应，树立企业形象。借助于高校资源和政府政策的支持，节约成本，进行新产品研发、新技术引进、设备技术改造等，提高整体效益。因此，通过推动劳动教育与产教融合相结合，有利于建立校企双方利益共同体，共享和优化产学资源配置，培养高素质创新人才，助力产业建设。

第二节　构建高校劳动教育育人应注意的问题

高校劳动教育实施是高校劳动教育结构的要素之一，是将高校劳动教育顶层设计落实到地的过程，反映当前高校劳动教育的状态。高校劳动教育具有很强的开放性，且是一个动态发展的过程。高校劳动教育的范围非常广，既涉及社会、高校等各个层面，又涉及不同教育主客体。高校劳动教育过程中要时刻保持整体意识，高效整合多重要素，以获得多方面的支持。高校劳动教育的实施是一个动态发展的过程，劳动教育方案不可能死板地落实，它必然受到高校具体情况、教师与学生的特点等多方面因素影响，因此它的不确定性和随机性就大大增加了。高校劳动教育要遵循矛盾的特殊性，同一个劳动教育方案，不一定适合每一个高校，需择其适者而从之，不适者而改之。目前，高校劳动教育过程中也许会出现这样或那样的问题，甚至会严重降低高校劳动教育的实效。对此，在构建高校劳动教育育人模式时应着重注意形式化、片面化、空心化、工具化、碎片化的"五化"问题。

一、重形式而轻教育的形式化

一些高校在落实劳动教育的时候往往采取应付的态度，以应对教育部门的监督和审查为目的，通常在一段时间临时抱佛脚，集中安排实践活动与劳动教学，但这些表面形式化的功夫，都会在随着督导或领导的离场而回归于平静，轰隆隆地来，轻飘飘地去，这种浮于形式的教育模式基本上没有任何意义。事实上，如果各高校都以敷衍的态度去对待劳动教育，违背劳动教育的初衷，忽视其育人的真正价值，便会缺乏建构劳动教育育人模式的内生动力，将一切教育标准外归于空洞的标准，也就是完全以形式化的成果应付检查，以免遭得批评。由此日积月累形成的常态化劳动教育，往往是千篇一律的面子工程，高校劳动教育的真正意义就被忽略了。

高校劳动教育的形式化主要表现在教学过程之中。教学过程形式化，一是高校教师在传授劳动教育的理论时，只关注教育任务完成与否，课时是否上满了等，将劳动观、劳动精神等重要知识进行单方面的灌输，几乎不会关注大学生是否抬头听课，是否真正地理解，甚至部分教师照本宣科地念着书本的文字，不会依时而变地创新教学方法。高校劳动教育课程考核评价的阶段，通过笔试检测大学生劳动观不乏有一定的道理，但对大学生劳动技能和劳动意愿没法做到真正检测。二是在高校劳动教育的实践活动中，劳动教育相关活动缺少事先模拟预估，往往与理想状态差异较大，缺乏整体的管理制度，往往重视这种活动的实施过程顺利与否，由此参与这类劳动活动的学生往往像个机器人一样听由摆布，走马观花式完成所谓的劳动实践，来不及思考与吸收相应的教学内容。此外，劳动实践主题也缺乏创新，趋于一个模板。高校劳动教育需要紧跟时代发展，明确其教育对象是新时代大学生，更需要紧跟科技发展和产业变革，准确把握新时代劳动工具、劳动技术、劳动形态的新变化。不少高校劳动教育往往采取复印式的日常劳动，缺乏创新性，难以被大学生接受。部分高校直接采取以往的劳动教育模式，只形式化地注重劳动教育的完成度与结果，在具体操作中鱼龙混杂，实际效果极差。高校劳动教育本应以促进大学生全面发展为初衷，远不是将工作重心放在照猫画虎和敷衍督导的检查上。

劳动与劳动教育是完全不同的两个概念。在高校劳动教育过程中，劳动只是一种必要的手段，而教育才是真正的落脚点。劳动的过程也绝非走过场和形式化的东西，而是要践行劳与育。高校劳动教育在深入挖掘劳动教育价值的基础上，设计能充分体现其价值的教育内容，使大学生能够掌握基本的劳动知识和技能，进而养成热爱劳动的习惯和良好的品质，并形成科学正确的劳动观。但事实上一些高校往往仅凭劳动思维进行教育，进而导致只重劳动轻实际教育的错误现象，更有甚者以劳动代替劳动教育，这必然加重劳动教育的形式化，阻碍高校劳动教育的深入推进。

一是以劳动惩戒代替劳动教育。无可否认，纵观古今人类对于劳动的认知一定程度上都有着惩罚的意思。古希腊奴隶的劳动就曾是一种低等级的活动，《圣经》中记载人类的劳动是受到上帝的惩罚从而不断救赎的过程。当然无法否认劳动在一定程度上的惩戒功能，但在高校教育中，劳动不应该认为是惩戒学生的手段。

二是以劳动休闲代替劳动教育。在当前社会发展的背景下，受各种复杂因素的影响，那些"进工厂""进田野"等所谓的劳动教育范式屡见不鲜，但往往被一些师生当作休闲活动。一些大学生在浮光掠影的劳动活动中走马观花般完成各种劳动体验，高校劳动教育便失去了原有的厚重。长此以往，休闲活动这一顶帽子就牢牢地扣在了劳动教育上，并体现在部分高校劳动的实践中，成为一些大学生茶余饭后的谈资。试想一下，单纯以休闲或者放松为目的、走过场式的劳动只不过是披着劳动教育的空壳，其实空无一物罢了，早已失去了其教育价值，违背了高校劳动教育育人的初衷。

三是以劳动目的代替劳动教育。目前，许多高校形式上轰轰烈烈地开展劳动课、劳动日等各类以劳动冠名的活动。其实际是为了完成规定的劳动教育课时要求，在劳动教育的课程内容中掺杂了形形色色活动，一些高校甚至鼓励大学生以各种方式看劳动，这样的教育形式与真正的劳动教育目标相差甚远。进一步而言，反思高校是否曾问过大学生为什么劳动，而不能坐享其成，所安排的各类劳动实践是否达到既定的教育效果？当然，无目的劳动教育是无法达到实际效果的。高校劳动教育育人必须时刻坚守育人目标，不能仅仅浮于形式，更不能把劳动和劳动教育的概念混淆，造成重形式而轻教育的现象。总之，在高校劳动教育过程中，忽视其教育性会造成严重的后果。其一，忽视了对大学生劳动技能的训练。不能造成让大学生只单纯地看劳动，就是不会动手参与劳动的笑谈。其二，忽视了劳动精神的有机融入。仅仅停留在表象活动层面的劳动教育，大学生在一定程度上是体验了劳动，但并没有真正的感悟劳动精神。

二、重脑力而轻体力的片面化

现代社会随着科学技术高度发展，劳动形态极大变迁，社会上重脑力劳动、轻体力劳动的风气较浓，甚至有人认为体力劳动已经过时。但事实上，体力劳动是劳动的基础，劳动教育仍是大学生的必修课，决不能以智育取而代之。一段时间以来，作为"五育"之一的劳动教育被弱化淡化。劳动教育只有偏重体力劳动与脑力劳动之分，而没有绝对的脑力劳动与体力劳动之分，两者的有机结合才是社会所需要的有用之才。体力劳动和脑力劳动在促进社会发展上相辅相成、缺一不可。倘若世上只有脑力劳动者，那些简单但又繁琐的工作将没有人做，脑力劳动也无法展开。

"劳动力的使用就是劳动本身"①，人类的劳动分为脑力劳动和体力劳动，马克思认为："正如在自然机体中头和手组成一体一样，劳动过程把脑力劳动和体力劳动结合在一起了。后来它们分离开来，直到处于敌对的对立状态。"② 随着社会生产力的发展，特别是剩余产品出现后，一部分人从体力劳动中抽离出来，专门从事脑力劳动，这种社会分工状态带来了脑力劳动和体力劳动的对立。在脑力劳动和体力劳动结合起来的高级社会形态下，实现大学生的全面发展，"而且还可能保证他们的体力和智力获得充分的自由的发展和运用"③，是社会发展的要求。高校劳动教育在促进大学生脑力劳动和体力劳动结合方面也起着极重要的作用，既培养了满足现代化大生产的脑力劳动者，又提高了体力劳动者的文化水平。当前高校劳动教育仍注重脑力劳动为主，主要教授大学生劳动理论知识，而忽视了体力劳动。

高校劳动教育应以体力劳动为主，注意手脑并用。许多高校的劳动教育脱离大学生的生活，不断知识化、抽象化，导致大学生的脑力劳动与体力劳动严重失衡。十指不沾阳春水的大学生劳动意识淡薄，其后果不仅仅是基本生活自理能力的缺失以及令人担忧的健康状况，更导致部分大学生严重的主体性精神迷茫，不断沦陷为智能时代的片面人。即使在人工智能时代，体力劳动也并没有过时。高校劳动教育的最终目的是实现大学生的全面发展，体力劳动不仅是表面上人类体能的损耗和增负，更是"一种具有重要历史意义和人本价值的社会实践"④。在高校劳动教育实施过程中，加强体力劳动，引导大学生体脑并用，在出力流汗的体力劳动实践中树立正确的劳动观，这是当前所需要的。

---

① 中共中央马克思恩格斯列宁斯大林著作编译局. 马克思恩格斯全集：第42卷［M］. 北京：人民出版社，2016：167.

② 中共中央马克思恩格斯列宁斯大林著作编译局. 马克思恩格斯选集：第2卷［M］. 北京：人民出版社，2012：235.

③ 中共中央马克思恩格斯列宁斯大林著作编译局. 马克思恩格斯选集：第3卷［M］. 北京：人民出版社，2012：814.

④ 任志锋. 以体力劳动为主加强劳动教育［J］. 思想理论教育，2020，496（8）：61.

三、重个人而轻集体的空心化

中华民族一直是一个重视集体的民族，在社会主义社会中，集体主义是无产阶级意志的体现，深刻影响着中国政治、经济和文化的发展。自改革开放以来，中国经济飞速发展，但在全球信息化和网络化发展的大背景下，世界各种不良的社会思潮接续地冲击和影响着中国大学生集体主义价值观的培育，这直接影响了新时代大学生的成长。纵观近年来各种极端案件的发生，很大一部分都是忽视了集体主义精神而酿成的悲剧。

马克思主义强调个人只有融入集体才有价值实现的可能，因此，高校加强集体主义教育是国家意识形态建设的需要，更是引导大学生价值观建设的重要工程。"劳动为了集体、在集体中劳动等集体思维的劳动教育显得尤为重要，因为社会主义的劳动教育本身就是一种集体主义教育，强调劳动协作。"① 然而受多方面现实因素的影响，高校劳动教育过程中往往忽视了集体主义的劳动教育，过于关注以个体为主的劳动教育，片面追求个体劳动素养，强调个人劳动实践，导致现有的劳动教育趋于空心化。

（一）片面强调学生劳动素质

在中国的劳动教育中，高校要以集体劳动教育为导向，进而引导大学生劳动为了集体、劳动服务于集体，才有可能充分发挥劳动教育的作用。但目前许多高校的劳动教育仍只注重对大学生个体素养的培养，却在很大程度上忽视集体主义精神对于大学生的重要性，忽视劳动是为了集体，劳动成果在集体中的价值。

---

① 曾天山. 新时代中国特色社会主义劳动教育的本质与独特价值——访教育部职业技术教学中心研究所副所长曾天山研究员［J］. 劳动教育评论，2020（1）：8.

（二）片面注重学生个体劳动

在普遍的教育理念中，高校教育过程是以个体学生为唯一对象，重点关注个人的行为或思想。事实上，剖析中国劳动教育的内在本质，劳动以集体为目标才是价值旨归，个别大学生行为的成功或失败，都要被看作共同事业的一种成功或失败。为了实现高校劳动教育的真正目标，高校应积极引导大学生在集体的劳动中体验情感，进而学习集体对于个体的重要性，形成集体意识。但在现实条件下，个性教育的理念在一定程度上过于狭隘，只关注大学生个体劳动、个体劳动素养，没有充分挖掘社会主义劳动教育的本质，是不可取的。

（三）片面强化学生个体劳动

个人应当向集体看齐，而且只有参加集体劳动才能使大学生发扬集体主义精神，对一切劳动者保持亲人般的爱护和友谊，对懒惰分子和躲避劳动的人表示愤怒和谴责。高校应积极组织集体劳动，让大学生体验集体于个体而言的价值，体会融于集体的归属感，才会更加积极主动地去参加集体劳动，保护集体劳动的成果。但在现实的高校劳动教育中，一些高校更多的只是关注学生个人的劳动，接续强化学生个人的劳动实践，而忽视引导大学生集体劳动。

四、重苦干而轻特色的工具化

苏霍姆林斯基曾对劳动教育实施的前提作了深刻的思考。他认为根据人所形成的认知特点，他们很难去找劳动，也就是自发地去受苦流汗。在高校劳动教育中，为了激发大学生的劳动积极性，要把教育过程看作一个整体，在深入挖掘劳动意义的同时，还需要创新劳动教育的内容与模式，根据高校自身情况实现特色发展。自改革开放以来，中国的劳动教育以劳动技能教育为主。在新课程改革后，劳动与技术合二为一成了实践课的一种，高校劳动教育失去了单独课程的地位，劳动教育成了社会实践活动的组成部分，在一定程度上影响了高校的劳动教育实效。党的十九大以来，中共中央明确要求"构建德智体美劳全面培养的教育体系"①，并颁布了一系列指导文件，劳动教育重新回归高校教育体系中。但由于高校劳动教育曾一定程度上处于断档的状态，高校劳动教育的师资队伍、劳动教育的资源、劳动教育经费投入的机制仍需重归。在已有的问题下，高校劳动教育的实施存在"理论上抽象存在，实际上虚化；理念上强调，实操上弱化；名义上强化，课时上减化；口头上重视，课程上淡化"② 等诸多问题。一些高校为了在短时间内实现相应的目标，完成上级布置的任务，采取拔苗助长的错误范式，一股脑地设置劳动项目，而不管这些项目是否真正有教育意义。更有甚者，一些高校为了应付检查，在学校、学院、班级辅导员等层层压力下，大学生不得不参加各种形式的劳动，并摆拍劳动过程与结果。自然而然他们的劳动成果就是呈现在高校劳动教育总结报告中的一张张照片、宣传报道中的一段段小视频，顺带附上几句动人的话语罢了。当高校劳动教育育人的本质属性被工具化之后，教育效果就大打折扣，不仅教师和学生要疲于应付表面工作，还会波及家长，也就导致高校劳动教育并没有达到实际的运用效果。对此，在高校劳动教育过程中应当结合高校所在地区的文化特色与高校自身的办学特色，创造性地开发能够充分体现时代特征且具有多样性的劳动教育特色活动。改变千篇一律的教育模式，才能更好地激发大学生接受劳动教育的乐趣，更加主动并且乐意参加劳动，而不是极其被动地体验来自辅导员的多重压力。

五、重高调而轻统筹的碎片化

高校劳动教育需要构建一个包含所有劳动要素，并在各要素之间能够达到完美串联效果的劳动教育体系。中国多数高校在劳动教育方面仍

---

① 中共中央党史和文献研究院. 十九大以来重要文献选编：中 [G]. 北京：中央文献出版社，2021：231.
② 徐长发. 新时代劳动教育再发展的逻辑 [J]. 教育研究，2018，39 (11)：14.

处于起步阶段，诸多高校在构建劳动教育体系过程中，并没有充分挖掘劳动教育育人的价值，并没有充分地结合高校自身特色设计教学目标，在相应的劳动教育课程设计中，由于没有充分整合劳动教育的内容要素而导致劳动教育碎片化。

（一）高校劳动教育内容的碎片化

《全面加强新时代大中小学劳动教育的意见》规定高等学校要关注创新创业，通过学科专业开展生产劳动和服务性劳动，积累职业经验，培养创造性劳动能力与诚实守信的合法劳动意识。高校劳动教育应该包括最基本的劳动知识、专业技能、创新劳动、服务型劳动等多方面内容。高校应该重点教学的劳动内容要素还处于零散状态，并没有形成该有的体系，它们零星地分散于思想政治教育理论课、职业生涯规划、创新创业教育的课程中，劳动教育相关内容的灌输受到了时空阻隔，一定程度上受到了限制，致使大学生很难在短暂的高校生活中，对劳动形成系统性认知。

（二）高校劳动教育形式的碎片化

劳动教育的内容分布在高校绝大部分的课程体系中，但主要以思想政治理论课的形式进行劳动知识传授，辅之以高校组织的专业实习实训、学生会等社团的志愿服务活动，以及勤工助学、创新创业大赛等为主的实践活动。而这些活动都分散于不同的系统之中，缺乏并联性，通常由不同的部门和学院甚至不同的班级进行管理，进而造成思想政治理论课的理论教学与劳动实践活动存在不衔接的现象。这些活动与教学之间缺乏关联，高校劳动教育的元素趋于分散，造成大学生难以集中接受劳动教育，难以转化为自身的劳动习惯的局面。

（三）高校劳动教育群体的碎片化

劳动教育本是理论与实际结合的过程，实践和理论的不同也就要求区分出不同的教师群体。这些教师群体中包括专职劳动教育的教师，包括兼职劳动教育的思政课教师，也包括从事行政工作的教师，还包括各类实践活动的主办教师等。各个教师在开展日常工作之余，都直接或间接地对大学生附加进行了劳动教育。但介于教师从事岗位的不同，批量的教师队伍间并未形成有效的互通机制，往往完成了各自的任务后，劳动教育活动也便戛然而止了。长此以往，教师往往无法了解大学生基本劳动素养的形成和对于已有劳动教育模式的反馈，更无法整体把握劳动教育的系统架构，往往只通过自身的教学或工作经验进行所谓的劳动教育。分散的高校劳动教育育人要素折射出高校在落实劳动教育的顶层设计中尚未厘清各要素与劳动教育育人目标的相互关系，还未找到一个真正适合本校特色的劳动教育范式，往往使劳动教育各要素之间难以形成"合力育人"的良性互动。

在"四育"中新增了劳育，可见高校劳动教育育人的重要性。高校劳动教育是一个系统性的大工程，需要各高校厘清劳动教育目标，整合劳动教育内容，合理分配劳动教育课程，进行科学的劳动教育评价。此外，在强调劳动教育的同时还需要调节与其他教育活动的关系，整合高校各类劳动教育资源，在高校劳动教育育人的过程中应化零为整，整体性地规划落实。随着国家相关政策的出台，高校各种形式的劳动课、各种类别的劳动活动如火如荼地进行着。高校劳动教育在高调迈步前进的同时，实施上却缺乏整体的规划，致使诸多要素处于零散状态。根据教育部《大中小学劳动教育指导纲要（试行）》的要求，高校需要全员劳动教育、全过程劳动教育、全方位劳动教育，将劳动教育纳入高校高质量人才培养的全过程是重要的育人途径。但在具体的实践中，一些高校仍然处于或由专业课教师开设一些劳动知识课程，或由辅导员组织劳动实践等状态。毫无疑问这些零星的活动，难以形成庞大的整体，达到整体的效果。社会、家庭与高校都是实施劳动教育的重要场地，有着丰富的劳动教育资源。高校劳动教育要在发挥家庭基础性作用的前提下，做到社会支持、家庭支持。在各种条件的限制下，当前高校劳动教育资源尚未完全整合，仍然处于碎片化的状态，还有待进一步统筹规划。

第三节　新时代高校劳动教育育人模式的发展趋势

在高校劳动教育未来的发展中，一定要坚持党对教育事业的全面领导，在中国共产党的教育方针引领下，更好地落实立德树人的根本任务，培养德智体美劳全面发展的社会主义建设者和接班人。要探究新时代高校劳动教育课程改革的未来发展道路，寻求更完善妥当的保障机制，以促进高校劳动教育迈向更高的发展台阶。

一、鲜明政治性的要求：党的前瞻性教育方针

中国共产党的领导是中国特色社会主义最本质的特征。在党的教育方针中形成了最鲜明的特色与最生动的实践，中国共产党百年变革中的劳动教育政策展现了最具特色的中国气派。历史和人民选择中国共产党领导中华民族伟大复兴的事业是正确的，必须长期坚持、永不动摇。百余年来中国共产党的教育方针与时俱进，具有鲜明的时代特征，是历代中国共产党人不断探索发展的成果，在充分吸收中华民族优秀的劳动教育传统，结合时代特色开辟了独具中国特色的劳动教育之路。因而，始终坚持中国共产党引领高校劳动教育的前进方向，是落实教育立德树人的根本任务，是培养创新型劳动人才的根本保证。

第一，中国共产党是劳动教育未来之船的正确指针。高校要长期坚持社会主义属性的劳动教育，必须将中国共产党的坚强领导作为推进新时代"五育并举"教育的强大动力，并在新时代高校劳动教育育人体系中做到全员、全过程、全方位，走独具中国特色的未来劳动教育发展之路。

第二，中国共产党的领导是未来劳动教育发展的动力引擎。未来高校劳动教育政策创新发展需要依据新形势新要求做出改变，劳动教育方

针的正确性决定了未来中国劳动教育现代化发展的因素，是必须坚持中国共产党的正确方针，充分运用习近平新时代中国特色社会主义思想武装头脑，全面贯彻落实党的劳动教育政策。

第三，中国共产党的领导是未来劳动教育航船的指南针。中国共产党是中国劳动教育未来前进的指南针，中国共产党领导下的劳动教育方针是未来高校劳动教育方向的航路图。新时代面临新的形势，需要深化中国共产党领导下的马克思主义劳动观，加快其中国化的进程，结合中国劳动教育传统文化、社会主义核心价值体系和社会主义核心价值观、"五育融合"的育人观以及 2035 远景教育目标，培养兼备劳动素养与创造力的新时代大学生。

确保高校劳动教育旗帜鲜明讲政治，坚持推进新时代中国特色社会主义性质的劳动教育，坚持中国共产党对劳动教育方针政策的全面领导，使高校劳动教育更好地为治国理政目标服务。高校劳动教育实施成效在一定程度上反映着中国社会主义教育制度的人才培养质量和水平，影响着社会主义建设者和接班人的劳动观念、素养和能力。全国各级部门应全面贯彻中共中央关于劳动教育的各项部署，在中国共产党的统一领导下更好地发挥统筹协调作用，制定和完善高校劳动教育的相关政策，建立劳动教育的长效机制。

二、把握新时代的航向：深化劳动教育课程改革

中国正处于快速发展的新时代，经济发展也进入了高质量发展阶段，新时代高校劳动教育除以辛勤劳动为基础外更需要创造力。这就要求未来高校劳动教育要与时俱进，不断丰富劳动教育内容、变革劳动教育方式、拓展劳动教育格局，巧妙灵活地结合最新科学技术来拓宽劳动教育的范畴，提高劳动教育育人的实效，提高大学生创造性劳动能力，具有全面系统的劳动素养，成为能够适应时代发展、引领未来的复合型人才。

第一，突出劳动教育的融合性，形成"大劳育"的发展态势。劳动

教育具有其他"四育"无法替代的功能。高校劳动教育育人要想真正落到实处，就需要不断地融入思想政治教育、科学文化知识教育、社会实践教育等各个环节，充分吸纳德智体美"四育"的价值，形成"大劳育"的发展态势。高校劳动教育中可设计"劳育五度"来实现这一建构：第一度是劳育思政，即实现高校劳动教育与思想政治教育充分结合；第二度是专技劳育，即实现高校劳动教育与专业技能教育充分结合；第三度是实践劳育，即高校劳动教育与第二课堂实践活动充分结合；第四度是课程劳育，即高校随着时代发展增设新的劳动教育课程；第五度是学术劳育，即高校加强关于劳动教育育人的学科建设与科学研究。"劳育五度"合力推进，形成良性循环、动态发展的"大劳育"态势。

第二，明确高校劳动教育发展计划，把握课程变革的动态。培育全面发展的社会主义建设者和接班人，培育担当民族复兴大任的时代新人，都离不开高校劳动教育的支撑。高校劳动教育要在时代的诉求下，建立适时的课程发展计划，准确把握劳动教育发展方向，推进劳动教育课程精细化发展。劳动教育课程安排是否科学合理在很大程度上由课程目标决定，课程目标在教学中得以具体发展，从而推动课程计划的明确化。在明确劳动教育发展计划时，应构建全息育人的课程计划，即辩证统一地看待劳动教育与其他教育。当前，劳动教育课程的教材缺少标准，普遍存在课程设置缺少连续性等情况，亟须采取措施优化。未来高校劳动教育的发展，必须完善课程结构设计，在顶层设计的保障下，才能保证高校劳动教育育人取得喜人的结果。国家相关管理部门在立足不断发展的国情与现实需求上，确定完整性、连续性的高校劳动教育实施指导大纲，对高校劳动教育课程的具体要求、运行模式等作出前瞻性规划。与此同时，广泛遴选各层次高校教师、各级教育管理人员、地方政府行政人员、跨学科专家等参与未来劳动教育课程标准、教学计划及课程方案的拟定和调研等工作，将理论和实践有机结合，构建未来科学合理的高校劳动教育课程体系，锻造"五育"全面发展的高质量人才培养体系。

第三，拓展高校劳动教育空间，打造立体化体验式课程。除了高校的劳动教育，社会和家庭的劳动教育也必不可少，只有在三者共同关怀下，让大学生沉浸在"大劳育"的环境下，真正地从事劳动，真正地感悟劳动教育的价值。高校劳动教育的课程主要还是讲授知识，一定程度上偏向于理论性的教学，可能缺乏锻炼劳动技能等劳动实践，容易引起劳动教育成效下降的现象发生，难以确保劳动教育的效果。因此，拓展高校劳动教育的空间十分重要。首先，要更加深层次地开发与利用社会劳动实践资源，拓展劳动教育课程实践场地。可将社会各类劳动场地纳入劳动教育实践场所中，在拓展劳动教育实践场地的同时，联合开发社会劳动教育课程，真正将劳动教育延伸到社会生活之中。完善高校劳动教育体系建设，坚持独立设课与跨学科联合相结合，同时该课程可与其他课程形式相融合，以此来打破不同学科之间的边界，减少课堂内外的差距，创新课程形态，更好地打造立体化劳动教育体验式课程。家庭劳动教育的力量不可忽视，大学生通过在日常生活中的社会劳动实践等调动劳动的积极性，配合高校劳动教育课程，避免高校劳动教育的成效局限于校园的情况发生。简而言之，未来高校劳动教育要着重开发教育领域与社会各领域的劳动教育元素，建立以社会为支撑、高校为主导、家庭为抓手的耦合联动、多元协同的劳动教育实施体系，打造全社会、全过程、全员参与的立体化劳动教育课程，推动劳动教育循序渐进地融入大学生学习生活的全过程。

第四，洞悉劳动教育发展趋势，结合时代创新课程。"互联网＋"、物联网、ChatGPT 等人工智能技术接续发展，推动了社会各领域智能化发展。智能化发展正在快速改变人类已有的生活、生产和思维方式，这也必然会给高校劳动教育带来空前的机遇与挑战。在未来，高校劳动教育应准确洞察时代发展趋势，通过活化模式、智化内容等方式探索高校劳动教育的新模式，打造具有时代特质的劳动教育课程范式。一要活化劳动教育课程模式。在高校劳动教育的模式上，精确跟踪未来科技、社会发展形成的创新型劳动形式，利用多种交互平台建构人工智能时代的微课、慕课等在线学习体系，发展在线学习、选择学习、智慧学习等教学模式等数字化劳动教育形式，突破时空的限制，利用可视化虚拟技术和网络技术实现全国范围内高校劳动教育课程资源的开放共享，使越来越多的学生享受网络空间带来的知识平等、文化多元。二要智化劳动教育课程内容。经济政治社会的发展变化对未来劳动教育提出了更高的要求。高校劳动教育要突破传统认知，与时俱进地将创造性、体面、生态、虚拟劳动等新内容形态纳入未来高校劳动教育课程内容之中，广泛扩充并适时更新课程内容，打造兼具时代性、丰富性特征的未来劳动教育课程内容体系。此外，高校劳动教育课程内容更新过程中，在具备时代性、前瞻性和发展性特质的基础上，要蕴含劳动树德、增智、强体、育美等符合时代发展主旋律的内容，以培养大学生良好的道德品质，提升动手能力、创造能力和实践智慧，增强大学生体质，促进其身心健康发展，提高他们发现劳动之美的能力。

特色化发展是中国基础教育改革的战略选择和前进的方向，高校未来的教育一定是更加追求特色发展的教育。劳动教育亦是如此。劳动教育不再局限于国家规定的课程，更具区域化的特色课程和校本课程相继出现，丰富了高校劳动教育课程的构建样式，形成了各具特色的劳动教育课程体系。

三、铸就最坚实的后盾：高校全方位保障机制

随着高校劳动教育的深入发展，必然迎来其保障机制的更加完善。当前，高校劳动教育的依旧多为马克思主义学院来承担，执教者也多为马克思主义学院的任课老师，存在着一师担任多课程的情况。除此以外，还存在着经费保障等其他问题，或许在未来全国的高校中都会新增劳动教育学院，那么这些问题在不久的将来会得到很大程度的解决。

第一，投入保障机制更加健全。投入保障机制主要包括高校劳动教育的师资力量投入、高校用于劳动教育的专项经费投入、高校劳动教育的基础设施建设投入等。当前，高校劳动教育在人力、财力、物力上仍存在较大不足，投入保障机制有着较大的提升空间。未来的高校劳动教

育会有一支由专职教师组成的师资队伍来承担。师资力量是高校劳动教育正常开展和运行的核心保障，通过面向社会大众的遴选，聘请专业素养过硬、实践经验丰富、劳动教育背景出众的人员执教，以保障高校劳动教育的师资力量。

第二，高校劳动教育专项经费投入更加完善。专项经费是高校能够正常实施劳动教育的基础性保障，当前高校用于扶持劳动教育发展的经费十分有限，很大一方面是高校自身经费不足导致的。在未来高校劳动教育中，由于经济的发展，高校对劳动教育专项经费的投入一定会更多，也会成立专门的经费管理部门，还有可能成立专项管理、教学的学院，用于合理统筹劳动教育的科研经费和专项经费，保障专项经费的高效使用。

第三，高校劳动教育的基础设施建设的投入更加完备。基础设施建设是高校劳动教育发展的重要载体。基础设施建设周期长且投入大，在现有的条件下，很多高校的劳动教育基础设施仍在加紧建设中。其中存在一个现象：高校劳动教育的基础设施多为不完善，专用场地少。在未来高校劳动教育中，随着基础设施建设的完成，高校在一定的条件上为教师或学生提供了劳动教育发展的相应教学配套设施，到时候会有更为丰富的教学资源供师生挑选，作为高校劳动教育的不竭动力和源泉。

结　语

　　本书以高校劳动教育育人模式的构建为切入点，充分调研分析高校劳动教育的资源，深入分析当前高校劳动教育育人的现状，着重探讨了如何有效地构建高校劳动教育育人模式。通过全方位的系统研究，我们可以得出以下结论：

　　在不同的角度，劳动有着不同的表征。从哲学的角度出发，劳动是主体、客体和意义的集成体，通常是指能够对外输出劳动量或劳动价值的人类运动，是人类社会进步和发展的基础，也是人类生存和发展的唯一手段。从文化的角度出发，劳动对应更多的是勤劳。人们对劳动的内涵在不同时期有着不同的见解，因此劳动教育的内涵也因时而变。广义上来说，劳动教育是指有目的、有计划地组织学生参加日常生活劳动、生产劳动和服务性劳动等教育活动，让学生在实践中体验劳动的价值和乐趣，培养学生尊重劳动、热爱劳动的情怀。人们对劳动教育本质属性的认识存在一定程度的偏差。在中国的各个历史阶段，劳动教育大多成为德育或智育的附属内容，或成为技术教育的代名词，劳动教育本身的独立性被忽视了。新时代以来，劳动教育有了新的定义，即发挥劳动的育人功能，对学生进行热爱劳动、热爱劳动人民的教育活动。劳动教育是中国特色社会主义教育制度的重要内容，主要集中在教育学生珍惜劳动成果、崇尚劳动光荣，在学习生活中积极参与社会服务，提升社会责任意识，培养学生健康的劳动观等方面。新时代高校劳动教育具有鲜明的思想性、系统性、发展性等特征。思想性体现为劳动教育要培养德智体美劳全面发展的社会主义接班人与建设者；系统性体现为劳动教育是一种内容完整的、体系完善的、多方面的综合素质教育，与多种教育要素构成一个完整的育人系统；发展性体现为劳动教育的开展过程中要充分尊重学生成长成才规律和身心发展特点，符合社会发展中对人才培养规格和标准提出的动态要求。

高校劳动教育育人模式的构建具有殷实的理论基础。从劳动教育的历史渊源来看，中国劳动教育具有悠久的历史，但尚未形成一整套科学体系。在中国传统哲学对劳动的反思中，古人不仅重视劳动和劳动分工，而且还形成了独特的劳动哲学，其中道家、儒家与墨家流传的著作最具代表。劳心与劳力的哲学之辩更是流传千年，这一思想直接影响了中国千年的社会走向，过于重视脑力劳动而轻视了体力劳动这种片面的思想是值得深刻反思的。

马克思主义劳动观在中国化的进程中形成了一套丰富的劳动教育体系。马克思并没有明确提出过劳动教育这一概念，但他提出了生产劳动与教育相结合的思想，指出教育与生产劳动相结合是实现人的全面发展的唯一途径。中国共产党历代领导人对劳动教育的观念不断地深化，不断继承与发展中国特色的劳动教育观。毛泽东同志在新民主主义革命时期就十分重视劳动教育，在社会主义建设时期更是提出教育必须与生产劳动相结合，并定下了有文化的劳动者的教育总体目标，根据不同的历史背景设计不同的劳动教育方针。邓小平同志在改革开放初期提出教育与生产劳动相结合是逐步消灭脑力劳动和体力劳动差别的重要措施，在经济社会不断发展中还补充了劳动教育应面向现代化、面向世界、面向未来的思想。江泽民同志十分重视社会劳动实践与科教兴国的紧密结合，创新性地提出了教育要与社会实践相结合，拓宽了劳动教育的实践范围。胡锦涛同志提出要促进学生的全面发展，就要加强劳动教育的重要思想，并提出劳动创造的重要观念。随着中国特色社会主义的发展进入新时代，社会主要矛盾发生了根本变化，习近平总书记对培养广大青少年深厚的劳动情怀提出殷切期望，从劳动创造的角度强调了劳动教育的重要性。中国共产党历代领导人都十分重视劳动教育，与时俱进地发展着劳动教育育人观。高校劳动教育育人模式构建有以下几点重要价值：第一，新时代高等教育发展的基石，是高校建设高标准教师队伍的要求，也是新时代大学生综合素质发展的需要。劳动教育作为社会主义教育制度的重要内容和独特形式，是全面发展教育体系的重要组成部分，也是社会主义教育制度的根本特征。随着国家对劳动教育的重视，以及出台了一系列劳动教育的政策，高校劳动教育必然迎来发展的高潮，成为高等学校不可缺少的教育内容之一，成为中国高等教育发展坚固的基石。第二，教师是高校培养人才的主要力量，目前高校普遍存在缺少劳动教育专任教师的现象，或是现有劳动教育教师的专业素养难以满足需要的情况。高校不仅需要建设专业技能过硬、师风师德良好的教师队伍，还需要以劳动教育素质作为补充，进而建设更高标准的师资，适应社会的动态需求。第三，高校劳动教育能够强化大学生的综合素质，在强化人生价值的同时，激发创造力。高校劳动教育能让大学生掌握基本的劳动技能，树立正确的劳动价值观，在劳动中形成坚强的品质，进而激发劳动创造力，成为推动中国特色社会主义现代化建设进程的高质量人才。

高校劳动教育育人模式中的理念构建十分重要，直接影响着高校劳动教育的发展方向，高校要构建正确的劳动观、劳动教育人才观以及劳动教育规划观，才能达到育人的实效。第一，构建正确的劳动教育价值观。劳动既是财富、幸福的源泉，也是中华民族几千年来孕育的优良传统，体现着最光荣、最崇高、最伟大、最美丽的正向劳动观，对人类的生存与发展起着重要作用。把以尊重劳动、尊重劳动者，辛勤劳动为荣、好逸恶劳为耻等观念融入高校劳动育人理念的建构之中，培养大学生的创新精神，使其成为"四有"青年。第二，构建正确的劳动教育人才观。高校要将劳动教育是培养全面发展的人、劳动教育是社会主义教育体系中不可缺少的部分放在劳动育人的首要位置。秉持劳动教育既是独立之精神，又是自由之思想的人才培养理念，在教授学生劳动的同时，培养其道德品质，促进大学生的全面发展。第三，高校劳动教育育人模式的构建少不了对劳动教育的规划。新时代高校劳动教育既要遵循国家劳动教育的大政方针，也要遵循大学生的年龄特点与成长规律，做到量身定制；既要立足当下，也要放眼未来，以发展的眼光构建劳动教育的教学模式，融合社会发展的多种要素。

当前高校劳动教育仍然有着许多未开发的资源，需要我们深入地挖掘并有效利用。第一，回归高校本身。劳动教育仍有进一步开发的空间，劳动教育需要开发特色课程、创新教学的方式，课程资源库就是一个重要资源。此外教师资源也尤为关键。教师是育人的关键，劳动教育的师资力量在一定程度上决定着教育的结果。高校内有着仍待进一步开发的劳动实训等平台，要充分开发与利用劳动教育载体配套资源。第二，互联网资源。随着时代的发展，互联网在教育的比重越来越大，高校必须融入时代的发展，充分利用互联网的资源进行劳动的"三全育人"。随着自媒体、人工智能的深入发展，高校要充分开发网络教育资源，打破劳动教育时空的桎梏，真正地实现全过程育人。第三，社会资源。随着国家对产教融合的重视，社会的产业与教育事业能够进一步融合发展，社会将进一步地开发潜在的劳动教育资源，高校应跟紧时代发展的潮流，把握争取产教融合过程中的劳动教育要素，构建高效率的协同育人模式。

高校劳动教育育人模式的构建需要在多种要素的共同合力下，才能发挥育人价值。第一，构建层级性的目标要素。高校劳动教育要以树德、增智、强体、育美为目标来建构层级性的目标要素，培养大学生成为德智体美劳全面发展的社会主义接班人与建设者。第二，整合创新型的内容要素。整合高校劳动教育的内容中马克思主义劳动基本理论、中华优秀传统劳动理念、劳动模范精神、创新创业理论、劳动技能教育等多维要素，以多方面的内容创新劳动教育育人的模式。第三，实现全方位的管理要素。通过确立高校劳动教育的人力、财力、物力等多元物质的投入，完善基础设施建设等保障机制。落实高校劳动教育的协同育人培养机制，在新型党政共管机制下，切实做到"三三全育人"。建立常态化的劳动教育时空机制，高校要合理安排劳动教育的时间，创新多途径的教育模式，打破时空的桎梏，将课堂教育升级成多时空的劳动教育，进而对高校劳动教育进行常态化管理。第四，建立多样化的评价要素。

新时代高校劳动教育育人的评价体系中，需着重关注评价理念、评价内容、评价方法与评价过程。以突出发展导向、重劳动观养成为评价理念，以劳动素养为基、完善评价指标为评价内容，以质性评价为主、量化评价为辅为评价方法，以标记劳动过程、劳动建档考核为评价过程，在理念、内容、方法、过程等四位一体的评价体系的构建中达到既定教育目标。在目标、内容、管理、评价四重要素的共同作用下，高校劳动教育育人的实效将会上升到一个新的高度。

总而言之，由于高校劳动教育的落实具有很强的开放性，且是一个动态发展的过程，高校劳动教育育人模式的构建一定要避免形式化、片面化、空心化、工具化、碎片化，进而使得高校劳动教育育人朝着正确的方向发展。通过对高校劳动教育已有的现状与发展态势的分析，可以初步勾勒出未来高校劳动教育的蓝图：在中国共产党先进劳动教育的方针指引下，高校紧扣创新这一时代主题，依时而变地改革劳动教育的方式，更新教育内容，完成全员全过程全方位的劳动教育模式，在多方关注下得到应有的条件保障，让劳动教育得到更加良好的发展。

主要参考文献

一、图书类

蔡映辉，刘祥玲，2021. 高校服务性劳动教育理论与探索 [M]. 北京：科学出版社.

曾天山，顾建军，2020. 劳动教育论 [M]. 北京：教育科学出版社.

龚春燕，程艳霞，2021. 新时代劳动教育创新论纲 [M]. 北京：教育科学出版社.

何卫华，林峰，2019. 大学生劳动教育理论与实践教程 [M]. 厦门：厦门大学出版社.

劳赐铭，朱颖，2022. 新时代高效劳动教育实务 [M]. 北京：中国人民大学出版社.

李珂，2019. 嬗变与审视：劳动教育的历史逻辑与现实重构 [M]. 北京：社会科学文献出版社.

刘向兵，2019. 新时代高校劳动教育论纲 [M]. 北京：社会科学文献出版社.

孙家学，2021. 新时代高校劳动教育通论 [M]. 北京：高等教育出版社.

习近平，2015. 在庆祝"五一"国际劳动节暨表彰全国劳动模范和先进工作者大会上的讲话 [M]. 北京：人民出版社.

习近平，2016. 在知识分子、劳动模范、青年代表座谈会上的讲话

［M］. 北京：人民出版社.

习近平，2018. 习近平谈治国理政：第1卷［M］. 北京：外文出版社.

徐趁丽，石林，佘林芳，2021. 新时代大学生劳动教育教程［M］. 北京：中国书籍出版社.

闫祖书，2022. 新时代高校劳动教育概论［M］. 北京：中国林业出版社.

严怡，石定芳，2022. 新时代高校劳动教育指导［M］. 重庆：西南大学出版社.

杨小军，2022. 新时代高校劳动教育探究［M］. 北京：中国社会科学出版社.

张少华，杨京楼，李文垒，2022. 新时代劳动教育教程［M］. 南京：南京大学出版社.

张子睿，郭传真，2021. 劳动教育及其创新进路研究［M］. 北京：中国书籍出版社.

中共中央马克思恩格斯列宁斯大林著作编译局，2012. 马克思恩格斯选集：第1卷［M］. 北京：人民出版社.

中共中央党史和文献研究院，2019. 十九大以来重要文献选编：中［G］. 北京：中央文献出版社.

二、期刊类

成有信，1987. 脑力劳动和体力劳动的分离、结合与教育：下［J］. 华东师范大学学报（教育科学版），18（4）：39—46.

程文宣，黄海鹏，2022. 新时代高校劳动教育面临的挑战与对策［J］. 学校党建与思想教育，685（22）：57—59.

陈国秀，2022. 建构主义理论视角下提升高校劳动教育实效性的路径探究［J］. 思想教育研究，336（6）：153—156.

陈攀，陈春萍，刘翔，2022. 新时代高校深化劳动教育的"三新"发展路径论析［J］. 湖南科技大学学报（社会科学版），25（3）：177—184.

陈永春，2022. 构建新时代高校劳动教育体系 [J]. 中国高等教育，690（9）：27—28.

高勇，王永强，2021，自媒体时代高校网络空间劳动教育模式的建构 [J]. 学校党建与思想教育，663（24）：90—92.

胡君进，檀传宝，2018. 马克思主义的劳动价值观与劳动教育观——经典文献的研析 [J]. 教育研究，39（5）：9—15.

胡雪凤，洪早清，2022. 高校劳动教育的智能转型与应然路径 [J]. 教育理论与实践，42（6）：13—17.

兰州财经大学劳动教育研究课题组，庞庆明，2021. 新时代高校劳动教育体系构建的四重维度 [J]. 中国高教研究，339（9）：72—76.

刘向兵，曲霞，黄国萍，2021. 高校劳动教育体系化构建的学理与实践 [J]. 中国大学教学，373（9）：30—36.

柳友荣，2021. 中国共产党百年高校劳动教育实践与探索 [J]. 中国高等教育，674（Z3）：18—20.

刘敏，张北坪，2022. 新时代高校劳动教育的内在逻辑 [J]. 中国高等教育，694（Z2）：27—28.

吕艳娇，姜君，2022. 新时代高校劳动教育与思政教育融合的四重维度 [J]. 天津师范大学学报（社会科学版），281（2）：82—87.

马其南，陈吉庆，2022. 新时代我国高校劳动教育的守正创新 [J]. 现代教育管理，388（7）：27—34.

倪志宇，白金，李卫森，2022. 高校劳动教育课程的体系建构 [J]. 中国高等教育，683（1）：36—38.

芮华，2022. 高校后勤在劳动育人实践中的作用探析——评《新时代高校劳动教 育论纲》[J]. 中国教育学刊，354（10）：151.

施永川，2021. 劳动教育如何融入高校创新创业教育？[J]. 国家教育行政学院学报，283（7）：38—45.

邵彦敏，孙木，2022. 高校劳模讲授劳动教育课的创新模式探索 [J]. 思想理论教育导刊，278（2）：149—153.

田田，2022. 新时代高校劳动教育与思想政治理论课有机融合研究

［J］. 思想政治教育研究，38（4）：97—102.

王晓阳，刘皓，2021. 新时代高校劳动教育的现实遮蔽及理性反思
　　［J］. 当代教育论坛，306（6）：115—121.

吴嘉佳，周芳，2022. 新时代高校劳动教育实施的政策逻辑解构［J］.
　　中国高等教育，306（Z3）：52—54.

阎燕，2022. 构建新时代高校劳动教育与专业教育融合的课程体系
　　［J］. 中国大学教学，384（8）：56—62.

于秋叶，于兴业，2022. 新时代高校劳动教育质量评价的四重维度
　　［J］. 学校党建与思想教育，675（12）：39—42.

张亮，丁德智，2022. 新时代高校立体化劳动教育体系建设探析［J］.
　　学校党建与思想教育，667（4）：45—47.

周君佐，李镓，咸春龙，2022. 大学生劳动教育的现状分析与对策
　　建议——基于粤港澳大湾区6所高校的调查［J］. 高教探索，225（1）：
　　122—128.

三、报纸类

兰红光，2015. 习近平在中央党的群团工作会议上强调　切实保持和
　　增强政治性先进性群众性　开创新形势下党的群团工作新局面［N］.
　　人民日报，2015—07—08（01）.

习近平，2020. 在浦东开发开放30周年庆祝大会上的讲话［N］. 人民
　　日报，2020—11—12（02）.

张烁，王晖，2018. 习近平在全国教育大会上强调　坚持中国特色社会
　　主义教育发展道路　培养德智体美劳全面发展的社会主义建设者和
　　接班人［N］. 人民日报，2018—9—11（01）.

后 记

党的十八大以来，习近平总书记多次围绕"中国梦"、劳动、劳模等内容进行阐述。"空谈误国，实干才能兴邦"的劳动观念是对马克思主义劳动观的进一步发展。劳动教育是新时代对教育的新要求，是中国特色社会主义教育制度的重要内容之一，人的全面发展是一切教育活动的主旨，劳动是实现人的全面发展的必要之路。高校劳动教育是深化教育改革、落实素质教育的一个重要切入点，新时代高校劳动教育意义非凡。高校劳动教育育人模式的构建是一项综合性系统工程，牵涉面较广，为保证论述的科学性、严谨性以及现实操作的可行性，笔者在深入调研高校劳动教育育人模式现状的基础上，严格遵循教育部印发的《关于全面加强新时代大中小学劳动教育的意见》，为进一步落实高校立德树人的目标，实现大学生德智体美劳全面的发展，探索性地阐述了如何构建新时代高校劳动教育育人新模式。

本书由西南科技大学马克思主义学院严实讲师、张嘉友教授及研究生刘真豪、刘勤、师钦燕共同撰写。西南科技大学研究生陈学思，本科生石雨婷、李玉霞为撰写本书做了许多资料收集、整理和校对工作。感谢四川王右木中心对本书出版的支持。此外，特别感谢四川大学出版社陈克坚老师为本书顺利出版的辛勤工作。

本书的写作参考了同行专家的不少研究成果，在此一并表示诚挚感谢。由于时间仓促，水平有限，书中疏漏之处一定不少，敬请同行专家和读者批评指正。